인물로 보는 일본역사 제6권

시부사와 에이이치

일본 경제의 아버지

머리말

왜 시부사와 에이이치를 만나야 하는가?

오늘날 대한민국 사회는 극도의 분열과 대립 그리고 투쟁으로 물들어 있다. 좌우의 이념대립, 지역갈등 같은 오래된 문제에서부터 소득 격차 확대로 인한 새로운 의미의 빈부격차 갈등, 세대별 이해관계의 차이로 인한 세대갈등, 혐오 논쟁으로 인해 확대된 남녀 간의 갈등 등 비교적 새롭게 대두된 문제들이 이 사회를 혼란에 빠뜨리고 있다. '박정희 신드롬'이 한때 우리 사회를 강타한 것도 이러한 상황과 밀접한 관련을 맺고 있을 것이다. "나를 따르라"고 외치며 민족이 처한 위기에서 하드캐리로서의 역할을 수행한 박정희와 같은 지도자에 대한 염원은 지금도 노년층에게 강하게 남아 있을 것이다.

하지만 당시 식민통치와 한국전쟁, 자유당 정권기와 4·19 혁명 등을 거치며 피폐해질 대로 피폐해진 우리 민족이 해결해야 할 과제는 너무나 명백했다. 당면한 문제를 풀기 위해 인권이나 민주주의와 같이 조금은 사치스러운 요소들을 희생할 각오가 되어 있는 시대였기에 가능했던 것이다. 박정희의 훌륭한 점은 이러한 과제를 최대한 부각시켜 국민을 단합시킨 지도력을 가졌기 때문이다.

따라서 예전에 통했던 방식을 오늘날에도 그대로 적용시키겠다는 것은 시대착오적인 발상이다. "새 포도주는 새 부대에"라는 말 그대로 적용되어야 하는 상황이다. 지금은 이름 없는 민중이 인터넷을 통해 세상에 대하여 각자의 의견을 내고 있는 시대다.

그렇다면 우리 시대에 맞는 '새 부대'가 되어줄 지도자란 어떤 모습이어야 할까? 확실한 신념과 목표를 갖되, 그것을 이루기 위해 끈기 있게 국민을 설득해갈 수 있는 인물이라야 할 것이다. 우리는 역사에서 그러한 지도자들이 존재했음을 배웠고 따라서 우리에게도 그러한 지도자상이 강조된다 해도 비현실적인 꿈은 아니라고 믿는다.

시부사와 에이이치(渋沢栄一, 1840~1930, 이하 시부사와)도 그러한 지도자 중의 한 사람으로 소개하고 싶은 인물이다.

경제대국 일본의 기초를 쌓은 시부사와는 서양의 외압에 직면하여 위기에 빠진 일본이 갈 길을 몰라 혼란에 빠져 있던 시대에 경제발전에 자신의 삶을 바쳐 놀라운 업적을 남겼다. 그는 단순한 경제인 또는 기업가를 넘어 재계의 리더, 나아가 일본의 지도자로서 중국·미국 등에서도 깊은 존경을 받았다.

오늘날에도 시부사와의 지도자로서의 평가는 매우 높다. 중국의 CCTV는 다큐멘터리 〈대국굴기〉에서 "오늘날 일본이 세계 제2의 경제대국으로 우뚝 선 데에는 시부사와라는 인물이 가장 큰 역할을 했다"고 평가했다. 2006년 중국의 우한(武漢)사범대에는 중국 최초의 '시부사와연구센터'가 설립되기까지 했다. 또한 세계적인 경영학자인 피터 드러커는 시부사와를 "경영의 본질은 책임임을 세계에서 가장 빨리 깨달은 사람"이라고 극찬했다. 시부사와 연구의 제1인자인 쓰치야 다카오(土屋喬雄)는 "일본 자본주의의 최고 지도자이며, 경제도덕·경제윤리를 설파한 고결무사한 지도자"라고 높이 평가한다.

일본이 버블경제가 붕괴되고 이른바 '잃어버린 20년'을 거치는 동안 시부사와는 다시 한번 각광을 받게 되었다. '잃어버린 20년'의 원인을 갖가지 부패와 변칙적인 기업운영, 투기 등에서 찾으려는 사람들에게 시부사와의 "도덕과 경제의 일치"를 주장하는 '도덕경제론'은, 일본경제 부활을 위한 최선의 해결책으로 여겨질 수 있을 것이기 때문이다. 오늘날에도 일본의 기업은 메이지시대 이래로 지켜진 관행에 의해 운영되고 있다. 따라서 시부사와가 일본에 회사라는 조직을 이식한 인물이라는 점에서 그의 주장이나 행동을 통해 오늘날의 문제점에 대한 해결책을 찾을 수 있을 것이라는 주장이 나오고 있다.

일본과 우리나라는 어떻게 보면 비슷한 문제를 안고 있다고 볼 수 있다. 1854년 개항 이래 메이지유신과 전후의 고도성장기를 거치며 선진국을 따라가는 것을 최우선 과제로 여겼던 일본은 이미 경제대국이 된 지금 목표를 잃고 내부적인 대립과 투쟁을 겪고 있다. 우리 역시 이러한 점에서 같은 입장이라는 사실은 이미 소개한 그대로다. 양국이 겪는 문제는 어른이나 선배·교사 등의 가르침을 받던 어린이가 이제는 어른이 되어 스스로의 삶을 만들어가야 할 때가 되어 느끼는 혼란과 같은 것이 아닐까 싶다.

일본의 우경화 현상은 그러한 방황 속에서 강력한 지도자를 열망하게 된 일본국민의 지지하에 진행되고 있는 것인지 모른다. 마치 미국의 트럼프 대통령이 '아메리카 퍼스트'를 통해 국민적 지지를 모으고 있는 것과 같은 상황이다. 1980년대 등장한 나카소네 야스히로(中曽根康弘)를 시작으로

2000년대의 고이즈미 준이치로(小泉純一郎) 그리고 2010년대의 아베 신조(安部晋三)[1]까지. 이들은 일본의 경제력에 걸맞은 국제적 위상을 구축하기 위해 우경화 정책을 관철시켜 국민의 지지를 얻는 데 성공한 지도자들이었고, 이로 인해 정권을 비교적 장기간 유지하는 데 성공했다. 이는 패전과 함께 안게 된 '전범국가' 이미지를 탈피하여 당당하게 강대국가로서의 길을 걷고 싶어하는 일본 국민의 열망을 담았기에 가능했다.

하지만 과연 이들이 추구하고자 하는 미래가 올바른 길인지는 의문이다. 위기를 정면으로 돌파해서 해결하기보다는 선동적인 수단에 의해 회피하려고 하는 대중의 마음에 영합한 하나의 '권도'에 불과한 것은 아닐까?

시부사와는 그런 점에서 이들에 대한 대안으로 제시할 수 있는 인물이다. 시부사와는 정치가나 관료가 아니라 민간인으로 일본 근대화의 주역이 되었기에 권력에 의존하지 않았고 또 그럴 수도 없었다. 또한 그는 일본이 패권국가가 되는 것을 반대하고 전쟁을 비판한 평화주의자이기도 했다는 점에서 우경화를 추진한 지도자들의 대척점에 서 있다고 할 수 있다. 시부사와가 포용을 바탕으로 한 대화와 설득으로 일본경제를 발전시키고, 나아가 근대화의 주역이 되어가는 과정을 소개하는 것은, 일본은 물론 우리에게도 '21세기의 리더십'이라는 점에서 시사하는 바가 클 것이다.

최근 시부사와의 자서전 『일본의 설계자 시부사와 에이이치: 망국의 신하에서 일본 경제의 전설이 되기까지』(2018)가 출간되었다. 시부사와의 저서는 이전에도 출간되었지만 『'논어'와 주판』(2012), 『한 손에는 '논어'를 한 손에는 주판을』(2009)과 같이 시부사와의 사상을 다룬 내용이었다. 하지만 이번에 출간된 자서전은 그의 어린 시절부터 1873년 관직에서 물러나 본격적인 경제활동을 시작하려는 시기까지를 다루고 있다는 점에서 시부사와의 업적을 이해하는 데 큰 도움이 될 것이다. 이 시기 이후 시부사와는 본격적인 활동을 통해 그의 업적을 쌓아가며 일본 근대화의 주역으로 거듭나게 되는데, 그 바탕이 이 시기에 완성되었기 때문이다.

이 책은 시부사와의 삶 전체를 조명한 대한민국 최초의 도서가 될 것이다. 위에 언급한 자서전 출간이 시부사와라는 지도자에 대한 열망에 따른 것인지 역자인 메이지유신 전문가 박훈 교수의 판단에 의한 것인지는 알 수 없다. 시부사와는 이토 히로부미(伊藤博文)나 후쿠자와 유키치(福沢諭吉)와 달리 한국인에게 생소한 일본인임이 틀림없다. 부디 시부사와의 자서전과 함께, 내가 이 책에서 소개한 그의 삶과 리더십이 21세기 대한민국의 미래를 밝히는 데 도움이 되었으면 한다.

'1만 엔' 일본 지폐에 등장한 시부사와

레이와(令和) 시대[2]의 변화 중 하나가 후쿠자와 유키치(福澤諭吉)[3]를 대신해 시부사와가 1만 엔 지폐의 인물로 결정된 것이다. 후쿠자와는 우리 국민에게는 애증의 대상이다. 왜냐하면 그가 일본에서는 계몽운동가로 활약하여 존경받는 인물인 반면, '탈아입구론(脫亞入歐論)'을 주장하여 일본의 아시아 침략을 부추겼기 때문이다. 따라서 후쿠자와는 그의 업적보다는 '침략의 상징'으로서의 이미지가 더 크기 때문에 우리나라를 비롯한 아시아에서는 증오의 대상이 되었던 것이다. 이러한 후쿠자와 대신 시부사와가 1만 엔의 주인공으로 선택된 것이, 한일관계 개선에 미세하나마 긍정적인 영향을 주기를 기대해본다.

그렇다면 왜 시부사와일까? 한국인은 물론 일본인에게도 시부사와는 대중적인 인물은 아니다. 하지만 시부사와가 근대사에 남긴 업적은 결코 후쿠자와에게 뒤지지 않는다. 후쿠자와가 계몽운동가로서 일본 근대사에 정신적인 영향을 크게 미쳤다면, 시부사와는 경제발전에 크게 공헌하는 한편 사회사업이나 국민외교 등을 통해 실질적으로 일본 근대사에 위대한 발자취를 남겼다. 경제대국 일본의 기초를 쌓은 그가 일본 자본주의의 아버지로 불리고 있으니, 그가 1만 엔 지폐에 등장하는 것이 이상한 일은 아니다.

일본 정부가 2024년 발행을 목표로 제시한 1만 엔권 새 지폐의 도안. 앞면에 시부사와 에이이치(1840~1931)의 초상화가 실린다.

하지만 시부사와가 새롭게 등장하는 것은 현재 일본이 겪고 있는 경제적 어려움과 무관하지 않다. '잃어버린 20년'이라는 경제침체의 터널을 이제 벗어나기 시작한 일본인에게 일본경제 발전에 혁혁한 공헌을 한 시부사와 같은 인물이 부각되고 있는 것이다. 시부사와의 도덕경제론은 현대의 영웅적 경제인이라 할 마쓰시타 고노스케(松下幸之助)나 이나모리 가즈오(稲盛和夫)와 같은 인물과 함께 원칙에 충실한 경영이념으로 재조명되고 있는 것이다. 눈앞의 이익을 추구하기보다 긴 안목에서 원칙에 충실한 경제 운영을 구현한 시부사와야말로 지금 이 시대가 가장 본받아야 할 롤모델이라고 여겨진 것이다.

그런 의미에서 내가 〈살림지식총서〉 '인물로 보는 일본역사' 중 『시부사와 에이이치』를 집필하게 된 것은 뜻밖의 행운이다. 이 책을 쓴 나조차 1만 엔 지폐의 도안 인물로 시부사와가 등장하리라고는 상상해본 적이 없기에 더 그렇다.

부디 이 책이 시부사와의 삶을 통해 일본을 이해하고, 아울러 현실적으로 겪고 있는 경제에 대한 고민을 푸는 실마리가 되기 바란다. 특히 시부사와의 도덕경제론에 입각한 개혁이 이루어진다면 대한민국이 '헬조선'이라는 오명을 벗을 수 있겠다는 기대도 해본다.

제1장 시부사와의 생애: 태동기(1840~1863년)

시부사와의 생애를 결정하는 기본적인 자질은 이 태동기에 만들어졌다 해도 과언이 아니다. 만 91세로 장수를 누린 시부사와의 정신은 태어난 가정 환경—부모의 직업과 기질, 지리 환경 등—시대 배경 그리고 그가 받은 교육과 교유했던 사람들에 의해 형성되었으며, 그의 일생에 결정적인 영향을 미쳤다. 결과론적으로 말해 시부사와는 일본의 근대라는 시대에 주역으로 활동하도록 특화된 인물로 태어나고 자랐다 해도 과언이 아니다.

가정환경: 강직함과 유연함을 겸하게 된 배경

우선 가정환경을 보자. 그의 아버지 시부사와 요시마사(渋沢美雅)는 시부사와 가문의 분가에서 종가로 데릴사위 겸 양자로 들어와 대를 이은 인물이다. 양자입적은 우리와 달리 일본에서는 상대적으로 흔한 일이다. 특히 무사나 상인의 집안처럼 대를 잇는 것이 가문의 존폐를 좌우하는 경우에는 빈번히 일어났고 많은 경우 가문 내에서 주로 이루어졌다. 시부사와 요시마사 역시 그러한 경우라 할 것이다.

요시마사는 농민 겸 상인에다 제조업자이기도 했다. 토지가 넓지 않아 농업의 비중이 낮은 마을에서 요시마사는 쪽잎(藍葉)을 주변 농가에서 사들여 이를 염색원료인 남옥(藍玉)으로 가공·판매하여 제법 부를 축적할 수 있었다. 농지는 마을에서 논이 없는 30호 중에 21번째일 정도로 영세했기에 농업 그 자체의 수입은 매우 적은 편이었다.

이런 부류의 사람을 '호농'이라고 한다. 도쿠가와 이에야스(徳川家康)가 도요토미 히데요시(豊臣秀吉)의 뒤를 이어 천하통일을 이루고 세운 에도 막부(江戸幕府: 막부는 일종의 계엄사령부에 해당. 천황을 대신해서 일본 전체를 통치한 쇼군의 본거지)는 약 300년간 지속되었는데, 후반기에 가면 이러한 호농들이 전국적으로 출현하게 된다. 지배계급인 무사의 경제적 지위가 추락하고 대신에 호농이나 호상이라는 일종의 부르주아지가 전국적으로 생겨났는데 시부사와의 아버지 요시마사 역시 그러한 부르주아지 중 하나였던 것이다. 순수한 농업위주의 '부농'과 달리 사업경영을 통해 이익을 얻는 부분이 크기 때문에 부르주아지의 성격을 갖게 된 것이다.

호농 집안에 태어났다는 점은 시부사와의 삶에 어떤 영향을 미쳤을까? 그것은 시부사와가 집안에서 상인적인 기질을 충분히 배웠다는 점이다. 그것이 농민이나 부농과 다른 점은 그들이 끊임없이 변화하는 환경에 적응해야 하는 압력을 받기 때문에 정보에 민감하고 상황에 따라 적절하게 적응, 또는 대응해야 한다는 것이다. 농민이나 부농은 되풀이되는 농업이라는 작업을 부지런하게 수행하면 되지만 상업이란 좀 더 다양한 변화 속에서 이루어지기 때문이다.

시부사와가 '변절자'라고 비난받을 만큼 삶을 변화시켜가며 미래를 개척할 수 있었던 것은 바로 이러한 상인 기질 때문이었다. 상인이란 정보를 잘 수용하고 이를 분석하고 합리적으로 대응해야 살아남을 수 있다. 시부사와는 전성기를 맞이하기 전에 여러 차례 위기와 좌절을 겪지만 합리성에 입각하여 새로운 돌파구를 찾아내어 높은 수준으로 도약해가게 되었다.

하지만 '호농'이라는 배경은 또 다른 면을 그에게 선사했다. 프랑스 혁명을 이끈 것이 부르주아지라는 것은 누구나 아는 사실인데 이들이 혁명의 주역이 된 것은 신분제 사회에 대한 반감이었다. 에도시대 일본에서도 비슷한 상황이 전개되었다. 호농·호상 이들은 부를 축적해도 신분적으로는 무사보다 낮았고 그래서 각종 제약을 받고 살아야 했다. 시부사와의 아버지 요시마사 역시 그러한 불만을 느꼈지만 에이이치만큼은 아니었던 것 같다. 일본의 근세 부르주아지는 혁명을 꿈꾸지는 않고 체제에 적응하는 쪽을 택했다.

비록 신분제로 인해 제약을 받았지만 이들은 대체로 높은 수준의 교육을 받았다. 시부사와도 아버지의 영향으로 어려서부터 『사서오경』을 비롯한 각종 서적을 접하게 되었다. 아울러 검술도 무사에게 뒤지지 않게 익혔다. 비록 신분은 낮지만 적어도 지식과 교양에서는 뒤지지 않겠다는 아버지의 생각이 시부사와의 삶에 영향을 미친 것이다.

이것은 시부사와가 상인 기질과 무사의 기질을 함께 갖춘 인물로 성장하게 만들었다. 이것은 일본 역사에서도 매우 특이한 경우라 할 것이다. 일반적으로 상인과 무사의 길은 상당히 대조적이다. 이익을 철저히 추구하는 상인, 명분과 의리를 중시하는 무사가 하나 된다는 것은 흔한 일이 아니었기 때문이다.

시부사와가 경영자이며 재계의 리더가 된 것도 이러한 특별한 성장과정을 빼고는 설명하기 어렵다. 그는 기업을 창업하고 경영자로서 활동을 하면서도 재벌이 되거나 자신의 부를 축적하는 것보다는 일본경제의 발전, 나아가 일본의 발전에 생을 바친 인물이다. 이러한 삶이란 보통 무사출신들에게 흔히 보이는 것이다. 이들은 국가와 민족을 위해 살아갔지만 이들 중에 경제분야에서 온전히 활동한 경우는 거의 없다. 그런데 시부사와는 경제를 중심으로 국가와 민족을 위해 살아간 것이다. 바로 이러한 성장배경이 그렇게 만들었다고 할 수밖에 없다.

오다카 아쓰타다, 시부사와를 세상으로 이끌다

시부사와에게 큰 영향을 미친 또 다른 인물은 사촌 형 오다카 아쓰타다(尾高惇忠)였다. 그가 없었다면 시부사와는 그저 세상에 대한 불만만 가지다가 생업에 매몰되어 호농의 하나로 인생을 마쳤을지 모른다. 그는 시부사와를 넓은 세상으로 이끌어낸 진정한 스승이었다.

오다카는 우선 독서교육을 통해 시부사와를 성장시킨다. 오다카의 독서교육은 당시로서는 매우 특이한 것이었다. 되풀이해서 읽고 암송하는 것이 주류였던 당시의 일반적인 독서교육과 달리 오다카는 시부사와에게 다독을 권장했고 시부사와는 광범위한 독서를 하게 되었다. 지금으로 말하면 암기 위주의 교육이 아니라 다독을 통해 여러 가지 지식과 생각을 접하게 하여 폭넓은 사고력과 비판정신을 기르게 하는 것이다.

오다카는 시부사와가 존왕양이(尊王攘夷: 왕을 높이고, 오랑캐를 배척한다) 사상을 접하게 한 통로이기도 했다. 체제순응적인 아버지와는 대조적으로 사촌 형 오다카는 체제의 근본적인 변화를 통해 일본이 직면하고 있는 위기를 극복해야 한다는 점을 인식하고 있었다. 봉건제와 신분제에 따른 무능함과 부패를 개혁하고자 한 오다카는 봉건제를 타파하고 군현제를 실시하여 유능한 인재들이 능력을 발휘할 수 있는 새로운 일본을 꿈꾸었고 자연스럽게 존왕양이 사상을 갖게 되었다.

이러한 오다카의 사상은 자연스럽게 시부사와로 하여금 좀 더 원대한 세계로 나아갈 꿈을 갖게 했다. 시부사와 역시 막번(幕藩)체제의 무능함과 부패함에 대하여 비판적인 생각을 하고 있었다. 아버지를 대신해서 자신이 속한 지역의 관리를 만났을 때 느낀 굴욕감과 분노는 막번체제의 무능함과 부패함을 현실에서 깨닫게 했다. 아마도 시부사와는 그러한 현실에 대하여 아버지와 달리 개혁을 생각했을 것이고, 그를 그렇게 만든 것이 바로 오다카였다. 지금으로 말하면 시부사와는 오다카에 의해 의식화 교육을 받고 부잣집 도련님에서 혁명의 투사로 변신을 이룬 셈이다.

1863년 실제로 시부사와는 혁명을 시도하기에 이른다. 그는 검도도장, 서당 등에서 교류하던 동지 70여 명을 모아 거사를 계획하고 이를 위해 집안의 돈 150냥을 횡령하여 창과 칼을 사들이는 비행을 저지르게 된다. 물론 그것을 계획하고 사주한 중심인물은 오다카였다. 이들의 계획은 다카사키(高崎)라는 성으로 쳐들어가 일단 성을 점령하고 무기를 탈취한 다음 그곳 사람들을 선동하여 요코하마의 외국인 거주지를 습격해 불을 지른다는 것이다. 이렇게 일본 전국을 흔들어 새로운 세상을 만들 혁명이 일어나도록 한다는 것이 이 거사의 목적이었다.

하지만 이 거사는 불발로 끝나고 말았다. 정세를 살피기 위해 교토로 잠입한 오다카 나가시치로(尾高長七郎: 오다카의 친동생)가 돌아와 중지하도록 설득했기 때문이다. 양이운동이 현실적인 대안이 아니라는 생각이 팽배했을 뿐 아니라. 양이를 강력하게 주장하던 과격파들이 조정에서 추방되었다는 소식을 전한 나카시치로는 거사가 호응을 받지 못할 것이며 모두 개죽음만 당할 것이라고 주장했다. 36시간의 격론 끝에 결국 거사는 중지되었고 결과적으로 시부사와는 무모한 계획으로 인해 일본 역사의 무대에서 사라질 위기에서 구출되었다.

이 거사의 포기는 두 가지 의미를 갖는다. 시부사와의 상인적 기질이 그의 생명을 구하고 그의 미래를 열었다는 것이다. 시부사와는 이 거사를 위해 아버지에게 부자의 연을 끊겠다고 통보한다. 즉 자신이 일으킬 거사로 인해 생길 비극적 최후를 충분히 생각하고 자신으로 인해 가문에 화가 미칠 것을 방지하고자 한 것이다. 이것은 누가 봐도 무사적 기질이라 할 수 있다. 하지만 36시간에 걸친 논쟁 끝에 거사를 포기한 것은 그를 비롯해 거사 참여자들의 합리적 성향 즉 상인 기질에서 비롯되었다 하겠다.

거사의 포기는 이들로 하여금 돌아갈 수 없는 강을 건너게 했다. 이들이 거사를 포기했다 해서 모든 것이 원점으로 돌아간 것은 아니었다. 막부는 이 거사에 대한 정보를 입수한 것 같고 이들은 신변의 위협을 느낄 수밖에 없었다. 실제로 나카시치로는 에도에 갔다가 체포되어 투옥되었고 이들에 대한 탐문수사도 이루어졌다. 퇴로는 이미 차단되어 버렸다.

시부사와가 히토쓰바시 요시노부4(一橋慶喜, 이하 요시노부)의 가신이 된 것은 이러한 과정에 의한 불가피한 결과였다. 하지만 그로 인해 시부사와는 보다 넓은 세계에서 자신의 능력과 지식을 시험하고 또한 새로운 지식과 경험을 쌓아갈 기회를 얻게 되었다. 그런 의미에서 거사 계획의 좌절은 길게 보면 그의 인생에서 일종의 전화위복이 된 셈이다. 그는 알을 까고 나오는 새처럼 자신이 안락한 삶을 누리던 고향을 등지고 새로운 세상으로 나아가게 되었다.

제2장 시부사와의 생애: 성장기(1863~1868년)

히토쓰바시의 가신 시절(1): 출셋길을 달리다

시부사와가 평민의 신분으로 히토쓰바시가라는 큰 가문의 가신이 된 것은 작은 인연 때문이었다. 오다카의 지도로 넓은 세상을 경험하게 된 시부사와는 히토쓰바시 요시노부의 유력 가신 히라오카 엔시로(平岡円四郎)와 인연을 맺게 되었다. 그것이 시부사와의 인생을 완전히 바꿀 줄은 시부사와도 히라오카도 상상하지 못했다.

당시 요시노부는 쇼군이 될 기회를 놓치긴 했지만 어리고 약한 쇼군의 후견 직에 취임했고 또 천황을 보필하는 요직에 있었기 때문에 인재를 널리 구하고 있었다. 이것은 시대적인 절박함이 있기에 가능했다. 난세에 영웅이 탄생한다고 하던가? 우리나라처럼 평화가 오랫동안 지속되고 내부적 통일이 견고한 나라일수록 영웅은 탄생하기 어려운 법이다. 전국시대에 많은 영웅을 배출했던 일본도 에도 막부 300년의 평화가 지속되면서 신분사회가 견고해졌다. 하지만 외압이 밀려들어오고 내부의 견고함이 깨지자 신분제도 무너지기 시작했고 그로 인해 서열파괴, 관행무시 같은 파격이 여기저기서 일어나게 되었던 것이다. 시부사와는 그런 시대의 흐름을 타고 일본의 지도자로서 존경받는 인물이 될 수 있었다.

하지만 시부사와의 발탁이 단순히 인맥만으로 이루어진 것은 아니다. 히라오카는 시부사와에게서 범상하지 않은 점을 발견하여 일찍이 눈여겨보았다. 시부사와에게는 이렇다 할 파당이 없었다는 점도 작용했다. 반면 시부사와는 거사 포기와 나카시치로의 체포구금으로 신변의 위험을 느꼈다. 양이운동이 비현실적임도 깨달았으며 나가시치로의 구출을 위해서도 힘을 키워야 한다고 생각했다. 결국 둘의 입장이 일치한 셈이다.

시부사와는 1863년 12월 교토에 올라가 히라오카의 면접시험에서 파격적인 제안을 하게 된다. 그것은 주군이 될 요시노부를 알현하고 자신의 의견을 펼칠 기회를 조건으로 내

사무라이 복장(왼쪽 1866년)과 프랑스 군복 차림(1867년)의 시부사와 모습

건 것이다. 쇼군의 후견 직이며 천황의 중신인 요시노부를 무사도 아닌 일개 평민이 입사조건으로 만나게 해달라는 것은 상식 밖이 아닐 수 없다. 히라오카는 거절했지만 결국 요시노부는 시부사와를 만났다. 요시노부가 시부사와의 제안을 수용한 것은 오히려 그가 평민이었거나 터무니없는 제안이 오히려 요시노부의 흥미를 끌었기 때문일지 모른다.

하지만 파격은 그걸로 끝난 것이 아니다. 시부사와가 쇼군의 후견 직으로 친막부 세력의 우두머리라 할 요시노부에게 막부를 버려야 하며 막부가 무너지더라도 절대 돕지 말고 막부의 공격을 당할 경우 싸우라고 하는 터무니 없는 제안을 한 것이다. 하지만 요시노부는 그저 고개를 끄덕일 뿐이었는데, 그것은 요시노부가 대인배였기 때문이기도 하지만 이미 도막(倒幕: 에도막부를 쓰러뜨림)에 대한 여론이 높아졌고 또한 문제시하기에는 인재의 필요성이 절박했다는 이유 때문일 것이다.

시부사와의 파격은 취업 후에도 계속되었고 그것은 그로 하여금 출셋길을 달리게 하는 원인이 되었다. 그는 막부와 조정의 요직에 있으면서도 제대로 된 군사력을 갖추지 못한 요시노부를 위해 농민병을 모집했다. 아울러 경제적 기반을 강화하기 위해 상인 기질을 발휘하여 영지에서 산출되는 연공미를 실수요자인 양조업자 등에 직판하고(유통구조개선) 초석(硝石)이나 목면 같은 특산품을 장려했다(식산흥업). 번의 지폐인 번찰의 유통을 꾀하여 번내 경제의 활성화를 기하기도 한다. 이러한 일은 무사출신이 대부분인 기존의 가신으로는 불가능한 파격적 개혁이기에 시부사와는 능력을 인정받게 된다.

하지만 시부사와에게 새로운 시련이 닥쳐왔다. 하나는 든든한 후원자였던 히라오카가 과격파 지사들에게 살해된 것이다. 히라오카는 막부에서 파견된 쇼군(將軍)의 측근 출신임에도 불구하고 유연한 사고로 요시노부를 보필했는데 이것이 과격파 양이 세력으로 하여금 반감을 갖게 했다. 히라오카의 암살로 '끈 떨어진 신세'가 된 시부사와는 히로오카의 후임이 된 구로카와라는 인물과는 맞지 않았기에 "아무것도 얻을 게 없다"는 탄식 속에서 의욕을 잃어갔다.

불행은 한꺼번에 오는 법인가보나. 그것은 요시노부가 도쿠가와 막부의 제15대 쇼군이 된 것이다. 제14대 쇼군 도쿠가와 이에모치가 1866년 불과 20세의 나이로 사망하자 요시노부는 본의 아니게 마지막 쇼군에 오를 수밖에 없는 상황이었기 때문이다. 요시노부는 고사했지만 뜻을 이룰 수 없었다.

이것은 시부사와에게 청천벽력과 같은 것이었다. 막부와 거리를 둘 것과 막부의 붕괴를 막지 말라고 한 시부사와로서는 이 사태로 인해 요즘 말로 '멘붕'상태에 빠지게 되었다. 막부가 집중 공격을 당하는 혼란기에 쇼군이 된다는 것은 그러한 공격에 맞서 전면에 서는 것과 같기 때문에 일종의 총알받이가 되는 셈이다. 시부사와는 요시노부에게 쇼군직을 거절하고 대신에 천황이 사는 교토 부근의 영지를 되도록 많이 확보하여 천황의 든든한 신하로 혼란기를 수습하도록 조언했다. 실제로 그때부터의 상황을 보면 그렇게 하여 정국의 주도권을 잡는 것이 현명했다는 것이 판명되었지만 요시노부는 불가피한 상황으로 결국 쇼군의 직을 수락한다.

시부사와는 이때를 인생 최대의 위기였다고 훗날 회상했다. "차라리 죽는 게 낫겠다"는 생각을 했다고 한다. 그의 지위도 낮아져서 쇼군이 된 요시노부를 자유롭게 만나는 것도 쉽지 않게 되었다. 히라오카의 죽음과 함께 요시노부의 쇼군 취임은 의욕적으로 역할을 수행하며 출세가도를 달리던 시부사와에게 엄청난 좌절감을 안겨주었다.

하지만 그에게 뜻하지 않은 행운이 찾아온다. 그것은 그가 요시노부와 히라오카에게 깊은 신임을 받을 정도로 성실하고 또한 유능하게 보였기 때문이다. 그에게 파리만국박람회와 유럽 순방 그리고 요시노부의 동생 아키다케(昭武)의 유학수행이라는 임무가 주어진다. 물론 시부사와는 단박에 이를 수락한다. 양이를 위해 거사를 준비하던 그가 그것을 받아들인 것은 일견 모순일지 모르나 시부사와의 행적을 고려하면 이해할 수 있다. 그의 선택은 여전히 매우 탁월했음이 증명된다.

히토쓰바시가의 가신 시절(2): 파리를 통해 세계를 보다 — 코페르니쿠스적 전환기

쇼군이 된 요시노부는 평가가 엇갈리는 사람이다. 그에 대해 도쿠가와 이에야스의 재림이라는 극찬도 있지만 무기력하게 도쿠가와 막부 270년의 역사를 닫게 한 무능하고 우유부단한 인물이라는 평가도 있다. 반대 세력에게 막부의 본거지인 에도(지금의 도쿄)를 넘겨준 것에 대해서도 평가가 엇갈린다. 일본의 내부 분열을 소속히 봉합하여 메이지유신을 순조롭게 만들었다는 평가와 막부의 신하들과 친막부 세력을 배신하고 일신의 안위를 구했다는 비겁자라는 평가가 바로 그것이다.

분명한 사실은 그가 서양문물을 수용하는 데 적극적이었다는 사실이다. 시부사와의 유럽파견도 그러한 이유에서 이루어졌다. 오죽하면 자신의 친정인 미토번(水戸藩)에서 이를 반대하자 아키다케를 시미즈(清水) 가문으로 양자입적까지 시켜가며 기어코 유학을 성사시켰을까? 요시노부는 아키다케의 유학이 성공하도록 가신 중에서 재무에 밝고 유능하며 또한 충직한 시부사와로 하여금 아키다케를 수행하도록 했던 것이다.

시부사와는 유럽 체험을 통해 새롭게 거듭나게 된다. 그때까지 시부사와는 어려서부터의 교육과 경험에 바탕을 두고 활동을 전개했는데 그것은 어디까지나 일본이라는 틀 안에서 이루어진 것이었다. 무사와 상인·농민의 기질이 하나가 된 독특한 캐릭터지만 한계는 명백했다. 그 한계를 넘어서도록 한 것이 유럽에서의 경험과 학습이었다. 이전까지 만들어진 시부사와의 기본적 틀이 유럽에서 배우고 익히고 경험한 것으로 채워져서 그의 활동을 규정하고 이끌었다.

시부사와의 유럽 체험은 세 가지로 나눠볼 수 있다. 첫째로 파리만국박람회 참가시기다. 1867년 2월 파리에 도착한 때부터 7월까지로 그동안 나폴레옹 3세의 알현을 비롯한 의전행사, 박람회 참가 등이 이루어졌다. 두 번째는 1867년 8월부터 12월에 걸친 유럽 시찰의 시기로, 그때에는 영국·스위스·벨기에·네덜란드·이탈리아 등을 다니며 다양하게 서양문명을 배웠다. 마지막으로 1868년 1월에서 11월까지는 요시노부의 동생 아키다케의 파리 유학을 수행한 시기다. 아키다케의 유학은 막부의 붕괴와 아키다케가 미토번의 당주를 상속하게 되는[5] 바람에 예정보다 짧아졌고 시부사와 역시 조기 귀국하게 되었다.

파리만국박람회는 시부사와에게 최첨단 서양문명을 한눈에 보여주었다. 7개월에 걸쳐 열린 만국박람회는 43개국 6만명이 2만 8,000톤의 물품을 출품하여 1,200만 명이 참관하는 성황을 이루었다. 일본은 칠기·의복·도기·금공품·무구(武具)·일본화 등 157종의 물품을 출품했고 양잠·칠기·화지(일본종이) 등에서 제1등 대상을 수상하는 성과를 올렸다. 파리에 오기 전 이미 서양문물 수용의 필요성을 절실히 느끼던 시부사와는 박람회를 보고 그의 생각을 확신하게 되었다. 막연히 보고 들었던 서양문물을 몸소 접한 경험은 그의 삶에 큰 영향을 미쳤을 것이다.

하지만 유럽에서 시부사와가 배우고 느낀 것 중에 가장 중요한 것은 바로 제도였다. 특히 시부사와가 가장 중시하는 경제의 경우, 유럽의 보다 앞선 경제 제도에 대한 이해는 그가 일본에 돌아온 후 모든 활동의 기반으로 작용했다. 시부사와가 상인적 기질과 기초적인 능력을 갖추고 있었기에 유럽의 제도를 빠르고 정확하게 흡수할 수 있었음은 물론이다. 혹자는 시부사와가 새로운 것을 배운 것이 아니라 자신의 지식 세계를 확대시킨 것이라고 평가한다.

특히 시부사와가 프랑스에서 흥미롭게 여긴 것은 지폐와 공채·주식·은행·합본(주식)회사라고 한다. 주식·은행을 통해 휴면 자본을 동원하여 만든 합본회사가 경제발전의 원동력임을 깨달은 시부사와는 합본주의를 평생의 신념으로 삼아 이를 일본에서 실현시키는 데 총력을 기울였다. 그가 평생 500여 기업의 창업과 경영에 관여하여 일본자본주의의 아버지라 불리게 된 것은 바로 합본주의를 통해 널리 자본을 모으는 데 성공했기 때문이다. 심지어 시부사와는 "합본주의에 반대하는 사람과는 연을 끊겠다"고 선언할 정도로 합본주의에 대한 강한 믿음을 갖고 있었다.

관과 민이 대등한 관계에도 시부사와는 강한 인상을 받았다. 관존민비의 인습을 보아온 시부사와로서는 정부고관과 기업가가 상하 관계없이 대하는 모습에 충격을 느꼈다고 한다. 어느 분야에 종사하든지 능력에 따라 평가되는 유럽사회의 모습에서 일본의 미래를 발견했던 것이다. 그가 주위의 만류에도 불구하고 메이지 정부의 관리로서의 성공적인 경력을 버리고 하야하여 활동을 전개한 것은 이러한 경험이 바탕이 된 것이다.

2개월간 유럽 각국을 시찰하면서 철도를 이용한 것은 그로 하여금 경제발전에 있어서 사회 인프라가 중요하다는 것을 깨닫게 해주었다. 실제로 시부사와는 철도회사의 창업과 경영에 많은 힘을 쏟았고 나아가 철도 국유화를 강력하게 주장하게 된다. 아울러 가스·해운·보험·금융 등 경제발전의 기반이 되는 산업에 집중적인 노력을 기울였다. 이러한 산업들은 초창기에 많은 자본과 고도의 기술이 필요한 분야인데 시부사와는 이를 합본주의를 통해 일으킴으로써 일본경제의 발전에 공헌했던 것이다.

2년 가까운 유럽 체류를 통해 시부사와의 삶은 사실상 결정되었다. 그는 유럽이 세계를 지배하는 원동력이 정치나 군사가 아니라 경제임을 새삼 깨달았다. 벨기에를 방문했을 때 국왕인 레오폴드가 철강업의 중요성을 강조하면서 자국의 철강제품을 홍보하는 모습을 보고 유럽 각국이 얼마나 경제에 힘을 기울이는지를 절감했다고 한다. 양이의 지사로서 혁명을 일으키고자 했던 청년은 이제 경제를 통해 일본을 발전시킬 꿈에 부풀어 귀국길에 올랐다.

하지만 일본으로 돌아가는 시부사와의 마음은 착삽했다. 떠날 때는 프랑스 정부와 쇼군 요시노부의 강력한 의지와 많은 지원이 있었지만 이제 막부는 사라지고 자신은 망국의 신하가 되어 초라한 모습으로 귀국하게 된 것이다. 어쩌면 자신은 일본 항구에 도착하자마자 체포·구금될 수도 있다는 두려움을 느껴야 했다. 예전에 페루의 후지모리 대통령이 일본을 방문했을 때 본국에서 쿠데타가 일어나 국가원수에서 죄인의 신분이 되어버린 일이 있었다. 막부의 붕괴로 인해 시부사와가 느낀 불안은 그것과 비슷한 것일지도 모른다.

제3장 시부사와의 생애: 도약기(1869~1873)

프랑스에서 귀국한 시부사와는 유럽에서 배우고 익히고 경험한 것들을 펼쳐가기 시작한다. 처음엔 자신에게 기회를 주었던 옛 주군 요시노부의 영지인 시즈오카에서 합본주의에 의하여 시즈오카 상법회소를 설립하여 성공적으로 운영했다. 대장성에서는 메이지유신에 따른 각종 개혁의 중심에서 많은 공헌을 하게 된다. 시즈오카 가업에서 시작된 시부사와의 경력이 마침내 일본 전체로 확대되었던 것도 이 시기였다. 성장기에 의해 도약기가 찾아오는 것처럼 도약기의 성과는 전성기의 성과를 만들 수 있게 하는 기반이 되었다.

시즈오카에서 합본주의를 실험하다

합본주의는 시부사와 경제활동의 핵심이다. 500여 개 기업의 창업과 경영에 관여할 수 있었던 것도 합본주의를 실현시켰기 때문이다. 재벌이 되거나 특정 기업을 자신의 지배하에 두려는 생각은 전혀 하지 않은 채 오로지 일본경제의 발전을 위하여 그 많은 기업을 일으켰다. 그런 시부사와에게 시즈오카는 첫 번째 실험 무대였다.

프랑스에서 귀국한 시부사와는 선택의 기로에 서게 되었다. 자신이 수행했던 아키다케가 미토번의 번주가 되어 시부사와에게 도움을 청했다. 2년 가까이 함께 이국만리에서 생활하면서 시부사와의 인품과 능력을 두루 겪은 아키다케로서는 시부사와만큼 든든한 인물도 없다고 여겼을 것이다. 하지만 시부사와는 자신의 옛 주군 요시노부에 대한 의리도 저버릴 수는 없었다. 요시노부는 메이지 정부로부터 70만 석의 영지와 함께 도쿠가와 가문의 상속을 인정받아 시즈오카의 번주가 되어 있었다.

결국 시부사와는 요시노부를 섬기기로 결정한다. 시즈오카를 찾아온 시부사와에게 요시노부는 번의 재정을 맡기고자 했으나 시부사와는 이를 사양한다. 유럽체제 중에 이미 경제에 모든 것을 올인하고자 결심한 시부사와에게 관직은 무의미했기 때문이다.

때마침 시부사와에게 좋은 기회가 찾아온다. 메이지 정부가 전국적으로 상법회소(商法会所)를 설립하도록 했다. 상법회소는 자신들이 발행한 불환지폐(不換紙幣: 금이나 은으로 교환할 수 없는 지폐)인 태정관찰(太政官札)6을 유통시키는 것을 주목적으로 하여 각 지방의 호상을 우두머리로 상가의 연락과 통제를 하는 기관이었다.

시부사와는 상법회소를 통해 합본주의를 실현했다. 1869년 1월 시즈오카 상법회소가 총자본금 29만 5,000냥으로 설립되었는데 그 가운데 1만 6,000냥은 번정부의 출자금이고 1만 8,000냥은 지역민의 출자에 따른 것이었다. 주요 업무는 상품저당 대출, 정기 당좌예금, 옛 막부 신하들에 대한 기업자금 대부와 같은 금융업무와 미곡·비료 등의 구입과 판매, 태정관찰의 유통 등이다. 상법회소의 사업은 1년도 되지 않아 8만 5,000냥의 이익(총 자본대비 29퍼센트)을 올리기에 이른다. 대다수의 상법회소가 실패로 끝났고 원래 목적이었던 태정관찰의 유통은 거의 이루어지지 않았고 거의 각 번의 비용으로 소비된 것과 대조적이었다.

그러나 시즈오카 상법회소는 결과적으로 실험으로 끝나고 말았다. 태정관찰(太政官札)의 유통을 통해 시세차익을 얻는 것이 문제가 되자 정부는 이를 금지시켰고 미곡 안정공

급 업무를 추가로 수행하도록 명령하면서 이름도 '상평창(常平倉)'으로 바꾸었다. 결국 1872년 7월 시즈오카현(폐번치현으로 시즈오카번이 현으로 바뀜)으로 업무가 이관되어 폐지되고 만다. 게다가 시부사와는 그 이전인 1869년 10월 대장성의 관리로 발탁되어 상법회소에 관여하지 못하게 되었다.

시즈오카 상법회소는 일본에서 최초로 합본주의의 원칙에 의해 세워진 사업체였다. 비록 반관반민의 형태이긴 하지만 시부사와가 주도하여 널리 자본을 끌어모아 출범했으니 합본주의의 산물이라 할 수 있다. 게다가 상당한 이익을 보는 성과를 올렸으니 시부사와는 이를 통해 합본주의의 가능성에 자신감을 가지게 되었다.

전국구 스타로 발돋움: 대장성 관리 시절

1996년 하시모토 제1차 내각의 후생대신(보건복지부 장관)으로 취임한 간 나오토(훗날 민주당 총리대신 역임)는 혈우병환자들의 에이즈감염 사건을 해결하여 명성을 떨쳤다. 제약회사와 후생성 그리고 학자들의 검은 커넥션에 의해 발생된 이 사건은 일본 관료들의 부패함을 세상에 여실히 드러냈다. 1990년대는 관료들에게는 수난의 계절이었다.

대장성 관료 시절의 시부사와

하지만 메이지유신 이래 일본의 관료들은 대체적으로 국민의 신뢰와 존경을 받아왔다. 우리나라에서는 과거 명문대 법대를 입학하면 사법시험에 합격하여 판·검사가 되는 것을 정통 출세코스처럼 여겼지만 일본은 우리로 치면 행정고시에 해당되는 고급공무원 시험에 합격하여 엘리트 공무원이 되는 것이 최고의 출세코스였다. 정치가 중에는 고급공무원 출신이 많은 것도 사시 출신 정치가가 많은 우리와 대조적이다.

시부사와는 본의 아니게 관료가 된 특이한 케이스였다. 1869년 10월 말 시즈오카 상법회소에 힘을 기울이던 시부사와에게 태정관(다조칸太政官: 조선시대 의정부에 해당)으로부터 「소장」(소환장)이 날아들었다. 고개를 갸웃거리며 출두한 시부사와에게 대장성(大藏省) 조세국장의 자리가 주어진다. 국가의 재정을 총괄하는 대장성에서 그것도 세금을 담당하는 요직에 임명되었으니 누구나 기뻐할 일인데 시부사와는 달갑지 않았다. 유럽체재 때 경제발전에 혼신을 다하기로 하고 요시노부의 관직도 거절한 그였다. 당시 대장성에 포진한 쟁쟁한 인물들에게 인정을 받으면 출셋길이 보장되었지만 시부사와에게는 그런 것은 관심 밖이었다.

하지만 시부사와는 결국 대장성의 관리가 될 수밖에 없었다. 시부사와가 발탁된 것은 당시 대장경(大蔵卿: 대장대신) 다테 무네나리(伊達宗城)의 강력한 추천이 있었기 때문이다. 그는 막부의 신하였던 자인데 같은 막부의 신하였던 인재들을 유신정부에 적극 등용하는 과정에서 시부사와도 추천하게 된 것이다. 시부사와는 훌륭한 업적을 쌓았고 유럽 체류도 경험하는 등 신정부가 원하는 식견과 능력 그리고 경험을 골고루 갖춘 인물로 평가되었다.

또한 시즈오카 상법회소의 성공적 운영은 유신정부로 하여금 시부사와를 끌어들이는 직접적인 계기가 되었다. 요시노부가 비록 일개 번주의 지위에 머물게 되었으나 유신정부는 그에 대한 경계심을 늦출 수 없었다. 그런데 시부사와가 상법회소를 성공적으로 운영하게 되자 그것이 요시노부 세력을 강화시키는 기반이 되지 않을까 하는 우려를 낳았다. 시부사와를 발탁함으로써 유신정부의 인재를 확보함과 더불어 요시노부의 기반을 흔드는 '일거양득'의 효과를 노린 것이다.

시부사와를 설득한 사람은 오쿠마 시게노부(大隈重信)였다. 거절하는 시부사와에게 "시즈오카를 위해 일하는 것과 일본 전체를 위해 일하는 것 어느 쪽이 더 의미가 있겠는가?"라는 오쿠마의 설득은 시부사와를 움직였다. 아울러 그가 시즈오카에서 계속 활동하는 것은 주군인 요시노부에 대한 유신정부의 의구심—국가가 요구하는 인재를 감추는 것은 불순한 의도가 아니냐 하는—을 확대시킬 것이라는 협박도 시부사와의 마음을 움직였다.

하지만 결론적으로 말해 시부사와는 이로 인해 또 하나의 행운을 잡게 된다. 물론 행운이라고 해서 그저 운이 좋았던 것은 아니었다. 요시노부를 섬기며 쌓은 업적 그리고 그의 행실, 유럽에서 보여준 성실성 등이 그것을 가능케 한 것이다. 시즈오카에서 평생 보냈을 시부사와는 그 활동 범위를 일본 전국으로 확대시킬 수 있었다. 오늘날과 달리 관과 민이 하나가 되어 새로운 일본을 만들어가던 시대이니만치 그의 업무영역은 엄청나게 넓었다. 조세국장이면서 개혁 책임자의 감투도 함께 쓰게 되어—이는 시부사와의 요청에 따른 것—메이지 정부의 주요 개혁에서 중심 역할을 수행할 수 있었으니 그의 명성이 전국으로 퍼져나간 것은 자연스러운 일이다.

그의 위상을 말해주는 에피소드를 하나 소개한다. 시부사와가 이미 공직을 떠난 1875년 본인의 의사와는 전혀 관계없이 그는 대장경에 내정되었다. 물론 시부사와는 이를 수락하지 않았지만 그 당시 시부사와의 위상은 메이지유신의 원훈(일등공신)에 버금가는 것이었다고 평가되었다. 메이지 정부의 수립에 참여하여 공을 세우기는커녕 막부의 신하로서 활약한 그가 공신의 위상을 지니고 있다는 것 자체 파격이 아닐 수 없다.

하지만 그의 관리로서의 경력은 불과 4년여 만에 끝났다. 애당초 마음이 콩밭에 있던 그가 관리로서의 삶을 오랫동안 하기는 어려웠을 것이다. 관리로 발탁되었을 때 자신의 의지가 아니라 주위의 압박과 불가피한 상황으로 인해 이를 수락했던 것부터가 문제였다. 그러기에 사의를 표명했다가 주위의 만류로 어쩔 수 없이 머문 경우가 여러 번 있었다. 1871년 시부사와는 『입회약칙(立會略則)』이라는 책을 통해 합본주의·회사제도에 대한 소개를 했는데 그것에 만족하지 못한 시부사와는 이를 직접 실현하고자 사의를 표명하지만 이토 히로부미와 오쿠마 시게노부 등이 극구 만류하여 결국 머물게 된 일도 있었다.

시부사와의 사직은 직접적으로는 재정을 둘러싼 정부 내

의 뿌리 깊은 대립에서 비롯되었다. 당시 유신정부 내에서는 적극재정파와 균형재정파가 극심하게 대립하고 있었다. 적자를 무릅쓰고 재정을 확대시킴으로써 조속히 근대국가를 건설하려는 적극재정파, 재정의 수지를 맞춰가며 천천히 나아가자는 균형재정파의 대립 속에서 시부사와는 이노우에 가오루와 함께 균형재정파로서 적극재정파의 공세를 견뎌야 했다. 어느 것이 정답인지는 판단하기 어렵다. 시부사와는 상인 출신이니 회계장부의 균형을 맞추는 것이 절대적인 것이라고 여겼지만 신생국이라면 적자를 각오하고 적극적으로 정책을 펴야 할 때도 있다.

1873년 5월 7일 마침내 시부사와는 사직하게 된다. 사직의 결정적인 계기는 오쿠보(大久保)의 군확재정에 대한 요구이다. 당시 재정수입은 4,000만 엔인 데 비해 지출은 5,000만 엔이어서 1,000만 엔이 적자인데다 부채가 1억 2,000만 엔에 이르는 상태였다. 그런데도 오쿠보 도시미치(大久保利通)는 육·해군의 예산을 대폭 늘리라고 요구했고, 이 요구는 이것이 가져올 어려움을 이유로 반대한 시부사와로 하여금 관직을 떠나게 만들었다. 실제로 1870년대 말 일본은 커다란 재정위기에 직면했고 그 결과 강력한 긴축재정을 실시하게 된다. 시부사와의 우려가 현실이 된 것이다.

하지만 이러한 대립이 직접적인 이유는 되지만 근본적인

이유는 아니었다. 훗날 시부사와는 "내가 사직한 것은 싸움 때문이 아니다. …무엇보다도 상업이 부진하다는 것, 상업이 부진하면 일본의 국부를 증진시킬 수 없다는 것… 다른 방면과 동시에 상업을 진흥시키지 않으면 안 된다고 생각하기 때문이다"라고 회고했다.

그의 삶의 방향은 경제를 향하여 가게끔 이어져왔음을 우리는 앞에서 살펴볼 수 있었다. 그래서 시부사와를 "여러 가지 경험을 통해 스스로의 능력을 가장 잘 발휘할 수 있는 분야를 찾아간 인물"이라고 평가하기도 한다. 훗날의 그의 삶이 이를 증명하고 있다. 또 스스로도 경제계를 택한 것을 "내 일생에서 가장 올바른 선택"이라고 평가할 정도였다.

하지만 시부사와의 공직생활이 허송세월은 아니었다. 그는 전국적인 규모의 계획과 업무를 경험하고 그것은 시부사와를 엄청나게 성장시켰다. 이는 그가 이후 전개한 경제활동에 형언하기 어려울 정도로 큰 힘이 되었다. 그가 재계의 리더, 나아가 국가의 지도자가 된 것은 순전히 그에 대한 신뢰와 명성 때문이라 할 수 있기 때문이다. 요즘으로 말하자면 '전관예우'적인 혜택도 없었다고 할 수는 없을 것이다. 실제로 자신이 총재로 있던 제일국립은행이 어려움에 닥쳤을 때 정부와의 담판으로 이를 해결한 일이 있었다.

제4장 시부사와의 생애: 전성기(1873~1916)

대장성을 박차고 나온 33세의 젊은 시부사와는 경제계 나아가 일본의 지도자로서 믿어지지 않을 정도의 업적을 쌓았다. 일개 기업의 창업에서 재계 전체를 리드하는 역할, 대외적으로 '그랜드 올드맨(위대한 원로)'으로 불리며 일본 수상에 못지않는 위상을 지닌 국민지도자가 되기에 이른다. 기업가로서는 유일하게 자작(子爵)의 작위(다른 기업가들은 남작에 그침)를 받았고 그가 국외로 나갈 때면 수상을 비롯한 각료들이 배웅했으며 미국에서는 대통령이 그를 접견하고 각지에서 열렬한 환대를 보냈다. 1890년 제국의회가 개원했을 때 귀족원의 의원으로 임명되었으나 정치에 관여하지 않는다는 신념 때문에 바로 다음 해에 사직을 했다. 대장대신을 제의받기도 했으나 끝내 사양하는 등 정치와는 거리를 두었음에도 그는 어느 정치가보다도 더 큰 명성을 떨치는 근대 일본의 거물이 된 것이다.

이 시기의 시부사와의 활동은 크게 나누어 기업 창업과 경영, 재계 리더로서의 활동, 사회공헌, 국민지도자로서의 역할 수행으로 나눠볼 수 있다.

이렇게 광범위하게 활동을 전개한 것은 대장성 시절까지 쌓아올린 신뢰와 명성에 의해 경제활동을 전개하는 과정에서 자연스럽게 활동 범위가 확대된 결과다. 이는 그의 생애 전반에 걸친 확대과정의 연속선상에 있다고 하겠다. 가업에서 시작된 커리어가 마침내 국가, 나아가 국제적으로까지 넓혀진 것은 그 과정 하나하나가 지나갈 때마다 그가 보여준 능력과 열정 그리고 신념과 사상이 다음 과정으로 넘어가는 기반이 되었기 때문에 가능했다.

자신을 중심으로 놓는 것은 결코 이기적인 행위가 아닙니다. 우선 자신의 마음을 좋게 하고 평소의 행위를 개선하고… 다음으로 주변 사람과의 인간관계를 부드럽게 해가는 식으로 자신의 경계의 범위의 '윤(輪)'을 넓혀가면 언젠가는 국가와 세계의 발전에 이어집니다.

만년 시부사와는 이렇게 자신의 삶을 회고하며 자신이 의도해서가 아니라 한 단계 한 단계 자신의 세계를 넓혀갔음을 전하고 있다. 그의 회고는 그가 어떻게 해서 일본의 국민지도자가 되었는지를 너무나도 잘 말해주고 있다 할 수 있다.

기업의 창업과 경영활동

시부사와의 삶에서 기업의 창업과 경영은 가장 핵심적 활동이었다. 모든 그의 업적은 이것에서부터 시작된 것이라고 해도 과언이 아니다. 그가 창업에 관여한 기업은 정확하지 않으나 500여 개 정도라고 봐도 문제는 없을 것이다. 시부사와의 능력과 인격만 아니라 근대화의 과업을 수행해야 할 절박한 시대적 상황이 그런 엄청난 결과를 낳은 것이다.

창업 못지않게 시부사와가 힘을 기울인 것이 경영활동이었다. 시부사와는 하루 일과 중에 몇 개의 회사를 다니며 업무를 보고 밤늦게 귀가하는 일이 잦았다고 한다. 창업이 기업을 낳는 것이라면 경영은 이를 키우는 것이다. 쇼시회사(抄紙会社: 훗날의 오지제지)의 경우처럼 적어도 자신이 창업한 기업이 안정적으로 운영될 때까지는 경영의 임무를 맡아서 최선을 다했던 것이다. 그가 재계를 은퇴할 당시 엄청난 수의 기업에서 중역을 맡고 있었던 것은 그러한 것의 결과였지 결코 인간적인 욕심 때문은 아니었다.

창업 활동

시부사와가 창업 활동을 전개한 직접적인 이유는 그가 행장으로 근무하던 제일국립은행(第一国立銀行)이 대출할 거래처가 부족했기 때문이라는 주장이 있다. 대장성 관리 시절에 시부사와는 국립은행 설립을 추진했는데 사임 후 그 경영에 깊이 관여하게 되었다. 처음에는 '총감(総監)'이라는 지위에 취임했는데 국립은행의 대주주인 미쓰이(三井)7가와 오노(小野)가가 시부사와를 신뢰하여 그에게 실질적인 경영책임을 맡겼기 때문에 사실상 행장의 역할을 수행하게 된다. 그러다가 1875년 총감이 폐지되면서 명실상부한 행장으로 취임하게 되었다.

국립은행이란 당시에 남발되었던 불환지폐를 처리하기 위해 '국립은행 조례'에 따라 설립된 민간은행이다. 그럼에도 '국립'이라는 호칭으로 불린 것은 이 제도의 원조인 미국의 '내셔널 뱅크(National Bank)'를 기계적으로 번역했기 때문이다. 미국은 남북전쟁으로 남발된 불환지폐 문제를 해결하기 위해 '내셔널 뱅크' 제도를 도입했고 상당한 성과를 보았다. 이를 일본정부가 이토 히로부미를 파견하여 조사하고 도입한 것이다. 제일국립은행은 '국립은행 조례'에 따라 설립된 첫 번째 은행으로 원래는 거상 미쓰이 가문과 오노 가문이 사립은행을 설립하려고 신청한 것을 계기로 양 가문이 중심이 되고 나머지 자본은 공모로 조달하여 세워진 국립은행이다.

제일국립은행은 시부사와에게 평생 활동의 거점이 되었던 기업이다. 은행이라는 든든한 자금줄을 가지고 있었기에 거상도 아니고 거대 지주도 아닌 시부사와가 많은 기업의 창업과 경영에 관여할 수 있었다. 그러기에 시부사와는 제일국립은행의 행장 자리를 실업계에서 은퇴할 때까지 유지하고 있을 정도로 애착을 가졌다. 그런 초창기 제일국립은행이 자금을 대출해줄 정도의 민간기업은 존재하지 않았고 결국 국가공금을 관리하는 것에 치우치게 된다. 그래서 시부사와는 이를 해결하기 위해 기업 창업 활동을 전개했던 것이다.

하지만 시부사와의 창업 활동은 제일국립은행 창업 이전부터 이미 시작되었다. 오늘날까지도 합병을 거듭하면서도 남아 있는 '오지제지(王子製紙)'의 전신인 쇼시(抄紙)회사를 대장성 관리 신분이었던 1873년 2월 시부사와가 주도하여 세웠다. 일본에서 세워진 합본주의 기업의 효시라고 할 수 있다. 당시 근대화로 인해 양지(洋紙)의 수요가 늘자 종이 수입이 급증했고 시부사와는 이를 우려하여 자본을 모아 쇼시

회사를 설립하기에 이르렀던 것이다.

이 사실은 직접적인 계기가 무엇이든 시부사와의 활동이 당시 후진국이었던 일본의 근대화에 대한 절박함에서 비롯되었음을 말해준다. 쇼시회사는 창업 후 오랫동안 많은 기술적인 문제로 어려움을 겪게 되지만 시부사와는 이를 극복하여 마침내 안정된 기업으로 성장시킨다. 그것은 사명감이 없이는 불가능한 일이었고 이윤추구와는 거리가 있는 행위였다. 후진국은 선진국의 기술을 도입함으로써 급속하게 산업화를 이룰 수 있다는 거센크론(Alexander Gerschenkron)의 이론을 시부사와가 실현시킨 셈이다.

후진국은 기술을 도입할 수 있다는 유리함이 있지만 산업화를 이루기 위한 자본과 인력이 부족하고 이를 조달하기가 용이하지 않다는 불리함이 있다. 게다가 선진국이 오랜 세월 이룩한 것을 단기간에 도입해야 한다는 어려움도 있기 마련이다. 그러기에 이른바 '보이지 않는 손'에 의한 방법이 아니라 '보이는 손'에 의해 모든 과정이 이루어져야 한다. "고지가 바로 저기인데 예서 말 수는 없다"는 말처럼 선진국에서 이루어놓은 수준에 도달하기 위해 인위적인 방법이 동원되어 급속히 이루려는 노력이 필요한 것이다.

메이지시대 일본에서 근대적 산업이 도입되기란 결코 쉬운 일이 아니었다. 도쿠가와 막부 270년의 평화와 여러 가지

제도 등에 의해 경제가 발전하여 자본은 상당히 축적되어 있었다. 하지만 자본을 가진 사람들은 대부분 근대 산업에 대하여 무지했기에 투자하기에는 큰 두려움이 있었다. 심지어 시부사와조차 특정 분야는 투자를 기피했다. 철강업이 좋은 예다. 당시 일본은 기계·무기 등의 제작을 위한 철강 수요가 급속히 늘어났지만 그것을 채워줄 근대적 철강업은 거의 존재하지 않았다. 정부는 시부사와에게 철강업을 권했지만 그 역시 두려움으로 인해 이를 거부하고 만다.

도쿄해상보험을 창업할 때는 시부사와도 그러한 어려움을 이겨내야 했다. 화물을 해상으로 운송할 경우 생기는 리스크를 대비하자는 취지로 창업한 것이 도쿄해상보험이다. 일단 제일국립은행에 보험파트를 두고 이를 운용하면서 창업을 준비해야 했으나 "보험이 도대체 뭐냐? 위험을 보장하다니 위험이란 무조건 피하고 볼 일이지 대비는 무슨…" 하며 냉대를 받아야 했다. 하지만 철강업과 달리 금융에는 자신이 있었던 시부사와는 기어코 창업에 성공했고 도쿄해상보험은 이름과 형태는 변했지만 오늘까지 명맥을 유지하고 있다.

시부사와는 이러한 상황에서 그가 가진 무형의 자산을 최대한 활용하여 '보이는 손' 역할을 감당함으로써 일본의 경제발전에 위대한 공헌을 하게 된 것이다. 대장성 관리로 활동하면서 정관계에 명성을 떨쳐 전국구 스타가 된 것은 이러한 역할을 수행하기에 가장 필요한 자산이었다. 자본가들은 시부사와를 믿고 두려움을 떨치고 투자를 할 수 있었다.

1882년에 창립된 '오사카방적'(大阪紡績)은 시부사와의 역할이 가장 잘 나타난 기업이다. 일본은 날씨가 온화한 나라이기에 면화의 재배가 광범위하게 이루어졌고 면직물의 소비가 활발하여 면업은 견업과 함께 도쿠가와 막부 시대의 2대 산업이었다. 하지만 개항이 되고 나서 값싸고 질 좋은 수입면사가 쏟아져 들어오자 면사를 생산하는 면방적업은 위기를 맞게 된다. 면직물업이 값싼 임금과 재래식 생산방식의 개량 등과 함께 수입 면사를 사용하여 수입 면직물에 대항하게 된 것도 재래식 면방적업의 위기를 확대시켰다. 가라방(がら紡)이라는 개량 생산방식이 개발되었지만 1,000배나 달하는 생산성의 차이를 극복하지 못하고 재래 면방적업은 궤멸의 위기에 처했다.

이에 정부는 근대식 면방적업을 육성하기 위해 2,000개의 추를 가진 방적기계를 도입하여 이를 민간에 불하하는 방식으로 근대적 면방적업 육성에 나섰다. 10년간의 무이자 상환이라는 조건으로 불하되어 이른바 2,000추 방적회사가 각지에 설립되었으나 초창기의 성적은 그다지 좋지 못했다. 창업자들이 근대적 면방적업에 무지했던 점도 있었지만 창업 시기가 1880년대 정부의 초긴축 재정의 시대라 일본의 경기가 최악이었기 때문이다. 1880년대 후반이 되자 이들 2,000추 방적은 이른바 '기업설립붐의 시대'로 인한 호경기를 맞아 상당히 성장하게 된다.

하지만 시부사와는 대규모의 근대적 방적회사를 세우기로 결심한다. 면사의 수입이 급증하는 상황에서 2,000추 방적은 그것에 대한 효과적인 대책이라고 여기지 않았다. 시범 운영이라면 몰라도 규모가 너무 작아 이윤을 남기지도, 수입 방지도 안 되었기 때문이다.

게다가 자본을 모으기 쉬운 조건이 생겼다. 봉건제가 해체되고 정부로부터 과거의 봉건지배자(영주와 무사들)에게 지급되던 급여가 중지되고 그 대신 지금으로 말하면 명예퇴직금과 같이 수년치의 급여를 공채로 일괄지급하게 되자 그 공채가 잠재적 자본이 되었기 때문이다. 시부사와는 공채 수령자들 중에 꽤 큰 금액을 받아 투자처를 찾던 영주 출신들을 설득하여 일종의 투자단을 결성하고—투자펀드라고도 할 수 있다—그 가운데 철도를 인수하려다 실패하여 갈 곳을 잃은 자금의 일부를 전용하여 '오사카방적'의 창업에 투자하게 된다.

'오사카방적'은 2,000추 방적과 마찬가지로 정부의 초긴축 재정이라는 악조건 속에서 출발했음에도 초창기부터 번

창했다. '1만 추'라는 규모가 생산효율을 높이고 게다가 당시로써는 획기적인 주야간 2교대로 24시간 생산을 하여 고정비용에 대비한 이윤율을 높였다. 게다가 시부사와가 발탁하여 영국에서 방적업을 공부한 야마베 다케오(山辺丈夫)라는 훌륭한 기사가 기술적인 면을 잘 관리하여주었던 것도 큰 힘이 되었다. 결국 막대한 이윤을 남기게 되자 '오사카방적'은 더 많은 투자를 받아 크게 성장했고 1914년 '미에방적'과 합병하여 거대기업 '동양방적'으로 거듭나 방적업계의 거인이 되었다.

시부사와의 '오사카방적' 창업은 일본 근대경제사에서 큰 의미를 갖는다. 근대 일본 자본주의 발달과정에는 세 가지 유형의 자본이 존재했다. 하나는 '재벌형'인데 특정 가족이 많은 기업을 지배하는 형태로 미쓰이와 미쓰비시[8], 스미토모의 3대 재벌이 그 중심에 있다. 또 하나의 유형은 '중소기업형'으로 면직물이나 견사업 등에 주로 나타나는데 기존의 생산자들이 비교적 생산력 격차를 바탕으로 수입기계를 개량하여 경쟁력을 강화해 성장한 경우다.

예를 들어, 도요타 사키치(豊田佐吉)는 수입 직기(織機)를 개량하여 도요타직기를 개발했고 이는 훗날 발전하여 도요타자동차로 이어졌다. 또 하나는 시부사와 등이 주도한 '방적자본형'인데 재벌처럼 대자본으로 출발하지만 합본주의에 의해 다수의 출자로 세워졌다는 점이 특징이며 '오사카방적'은 방적형자본의 출발점이며 상징이라고 할 수 있다.

시부사와의 창업 활동에는 몇 가지 원칙이 있다. 합본주의·기반산업주의·공익우선주의·이식산업중심 등이 바로 그것이다. 기업 창업으로 자신의 이익보다 국가와 민족의 발전을 우선시한 시부사와로서는 자연스러운 결과였다고 할 수 있다. 그러기에 시부사와는 그토록 많은 기업을 창업했음에도 미쓰이 가문이나 이와사키(岩崎) 가문처럼 재벌을 형성하는 일은 없었고 그것이 도리어 시부사와에 대한 일본사회의 신뢰를 깊게 한 것이다.

▷**합본주의**: 시부사와는 합본주의를 자본조달의 수단으로만 여기지는 않았다. 그것을 통해 신분제에 대한 도전도 꾀했다. 신분과 관계없이 투자 액수인 주식의 수에 따라 의사결정권의 크기가 정해진다는 점에서 합본주의는 평등을 의미한다고 생각한 것이다. 또한 다수가 참여함으로써 국가발전에 대한 의식을 높인다는 점도 염두에 두었다.

시부사와에게는 회사는 사유재산이 아니라 모두의 것이라는 약간은 사회주의적 사상이 있었기 때문에 합본주의는 그러한 생각에도 부합했다. 이는 파리에 체류할 당시 생시몽주의자와 교류를 통해 영향을 받은 것 같다. 미쓰비시(三菱)의 창업자 이와사키 야타로(岩崎弥太郎)와 벌인 논쟁에서 독재를 반대한다는 주장을 한 것도 결국 시부사와의 '회사 공기론(公器論)' 사상이 반영된 것이라고 생각된다. 지금도 일본에는 회사를 사익추구 집단이 아니라 공적인 기관으로 여기는 사고가 상당히 남아 있는데, 어쩌면 시부사와의 합본주의적 사상이 남긴 유산이 아닐까 하는 분석도 있다.

▷**공익우선주의:** 시부사와는 『'논어'와 주판』에서 자신의 행동의 최우선은 공익이라고 했다. 물론 자신의 이익은 어찌 되든 상관없다는 뜻은 아니고 다만 우선순위에서 밀릴 뿐임도 함께 논하고 있다. 일본의 근대화를 위해 필요하지만 전망이 불투명한 산업이나 수입이 늘어나 일본의 경제를 위협하는 산업 등에 중점적으로 관여한 것은 바로 공익우선주의 때문일 것이다. 심지어 공익을 우선하다가 결국 사업에 실패한 경우도 없는 것은 아니었다. '오사카방적'의 경우 성공하긴 했지만 당시 방적업에 대한 평가는 상당히 비관적이었음을 고려하면 이 역시 수입증가에 대한 대책이라는 공익우선의 신념에 따른 무모한(?) 시도였다고 볼 수 있을 것이다.

▷**기반산업주의:** 직접적으로 생산을 담당하는 산업보다 기반이 되는 산업은 초기 투자비용이 크고 이익 내기가 쉽지 않

으며 그것도 오랜 시간이 걸린다는 점에서 투자가 용이하지 않다. 선진국조차 이런 분야는 국가가 담당하는 경우가 적지 않은데 시부사와는 기반산업에 투자를 집중시켜 일본 근대화에 공헌하고자 노력했다. 철도·해운·가스·보험 같은 분야 등에 시부사와가 창업 활동을 집중한 것도 바로 이러한 이유 때문이다.

▷이식산업중심: 기반산업과 마찬가지로 이식산업은 대부분 초기 투자비용이 높아 민간에서 자연스럽게 발전하기 어렵기 때문에 시부사와의 주요한 관심분야였다.

이상의 원칙을 종합해보면 다음과 같다. 시부사와는 공익우선의 원칙하에 일본의 근대화를 위해 필요한 분야를 선정하되, 특히 기반산업을 중심으로 합본주의에 입각한 창업 활동을 전개했다. 한 마디로 요약하면 창업을 통한 경제발전이 애국이라는 신념 아래 꽃길 대신 자갈길을 일부러 택하여 걸었다고 할 수 있다.

시부사와가 창업 활동을 벌인 유일한 인물은 아니었다. '오사카의 시부사와'라고 불리는 고다이 도모아쓰(五代友厚)9같이 메이지시대에는 창업에 뛰어든 사람들이 제법 있었고 이들에 의해 많은 기업이 세워졌다. 이들은 주로 사무라이 출신이며 자신들의 명망과 사명감을 무기로 활동을 전개했다는 점에서 시부사와와 닮은꼴이라 하겠다. 이들의 활동에 힘입어 일본은 경제분야에서 오늘날의 개발도상국과 달리 국가의 역할이 상대적으로 작았고 그만큼 국가는 정치·군사·외교 등에 힘을 기울일 수 있었다.

그렇다고 해서 시부사와의 공헌이 가볍게 평가되어도 좋다는 것은 아니다. 일단 양적인 면만 봐도 시부사와는 이른바 '지존' 같은 존재였다. 이뿐만 아니라 시부사와는 합본주의에 입각한 창업을 통해 일본의 근대화의 길을 제시했고 그것은 엄청난 파급효과를 일으켰던 것이다. 1880년대 후반 시작된 일본의 산업혁명은 면방적업을 중심으로 한 기업설립 붐(일본식 표현으로 기업발흥)으로 시작되는데, 시부사와가 주도한 '오사카방적'의 설립과 성공이 미친 영향은 매우 컸다. 시부사와가 열어놓은 길을 일본경제가 달렸다고 한다면 지나친 표현일지 모르지만 선구자로서 그가 보여준 모습은 나아갈 길을 모르고 두려움에 사로잡혔던 메이지의 일본에게 중요한 나침반이 되었다는 사실마저 부인하기는 어려울 것이다.

기업경영 활동

현대 자본주의 사회에서 주주는 '보이지 않는 손'이 되어버렸다. 이들은 주식을 사고팔지만 그 기업의 경영에 직접 또는 간접으로 관여하고자 하는 마음은 그다지 많지 않았다. 이들에게 가장 중요한 것은 주가의 상승과 하락에 따른 이익과 손해다. 기업의 투자자로서의 권리를 나누어 갖는다는 원래 주식의 의미는 약화되어버린 것이다.

그러기에 특별한 문제가 없는 한 경영자가 기업에 전권을 휘두르는 '경영자주권'이 확립되고 있다. 우리나라 재벌 대부분은 산하 주식의 소유가 아니고 경영권 확보로 자신들의 지배를 실현하고 있다. 일본의 경제학자 오쿠무라 히로시는 이를 가리켜 '법인자본주의'라고 정의했다. 경영자는 주주에게 책임을 지지 않으며 자신이 임명한 경영진을 지배하기 때문에 결국 기업은 외부의 간섭 없이 스스로 존재한다는 의미에서다. 이것은 일본기업들이 주식의 분산과 계열관계를 통해 주주에 대한 원천적 견제를 통해 이루어진 특수한 사례이지만 주주의 견제가 약화된 것은 사실이기 때문에 일본에 국한된 이야기로 볼 수 없을 것이다.

하지만 초기 자본주의 시대에는 사정이 전혀 달랐다. 기업 규모가 지금보다 작고 주주의 숫자도 훨씬 적은 그 시대에 주주들은 기업의 경영에 보다 큰 관심을 갖고 있었고 주주총회 역시 대립과 충돌이 난무하는 격전의 장이 되는 일이 종종 있었다. 소액주주와 대주주의 이해충돌, 경영진과 주주의 대립, 주식에 대한 배당, 장기적 투자와 단기적 이익에 대한 의견대립 등의 문제들이 주주총회에서 제기되곤 했다. '보이는 손'의 모습이라 하겠다.

근대 일본의 기업에서는 그러한 성격이 더욱 첨예하게 드러났다. 시부사와나 고다이 도모아쓰 같은 '창업 활동가'나 '기업프로모터'가 자신들의 명성·신뢰·인맥을 동원하여 모아진 자본에 의해 설립된 기업들이 다수여서 주주들은 보다 큰 기대감을 가지고 기업의 경영을 예의 주시했기 때문이다. 주저하는 자본가들을 "나를 믿고 투자해보시면 좋은 일이 있을 겁니다"라고 설득하여 투자한 마당에 수수방관할 수는 없었다.

결국 시부사와는 창업을 주도한 기업이 늘어갈수록 그에게 주어지는 경영적 부담도 커져만 갔다. 1880년대 전반까지 시부사와는 은행을 축으로 금융보험·해운·물류·제조업 등의 다양한 업종의 기업의 경영에 관여하게 된다. 시부사와는 여러 기업을 돌아다니며 업무를 봐야 했기 때문에 분주한 나날이었다. 아침에는 A사, 오후에는 B사, 저녁 무렵에는 C사 이렇게 순방을 해도 처리할 일이 산적했다.

시부사와가 이렇게까지 많은 회사에 관여하게 된 것은 그의 성격과도 관계가 깊다. 어렵고 힘든 사람을 지나치지 못하는 그의 자상함 때문에 도움을 요청하는 회사나 개인의 곤란에 발 벗고 나서다보니 어느새 몸이 열 개라도 모자랄 지경이 되었다. 시부사와는 실업계에서 은퇴한 후에도 어려움에 처한 회사의 요청에 다시 복귀하는 경우도 있었다고 한다. 결국 10개의 회사에서 은퇴하면 2, 3개 회사와의 인연은 다시 이어지는 꼴이기에 결국 죽기 직전까지 완전한 은퇴는 불가능했다. 심지어 병상에 누워 있다가도 "죽으면 죽으리라" 하는 심정으로 요청에 응하기도 했다. 이 정도면 가히 순교자 수준이 아닐까 싶다.

하지만 보다 결정적인 이유는 얽히고설킨 주주·경영자 사이의 이해관계를 명쾌하게 풀어줄 만한 인물이 시부사와였기 때문이다. 무사와 상인·농민의 삶을 모두 경험하고 유럽에서 문물을 배워온데다 갖가지 공직과 사업을 경험하며 쌓아온 경륜과 신뢰는 시부사와를 기업문제 해결사 역할을 수행하게 했다. 제일국립은행의 경우도 오노 가문과 미쓰이 가문의 대립 구조 속에서 시부사와는 기업의 경영을 책임질 인물로 여겨져 총감이라는 이름으로 실질적인 행장의 역할을 수행했다. 주주총회에서 사장도 아닌 그가 의장을 맡는 경우가 비일비재했던 것도 대립구조 속에서 원만히 주주총회를 이끌어갈 인물이라고 신뢰받았기 때문이다.

주식회사 홋카이도탄광철도의 경우를 보자. 1889년 홋카이도의 탄광의 운반을 위해 정부보조를 받고 설립된 이 회사에서 시부사와는 대주주를 대표하여 상임위원으로 선임되었다. 1892년 제4회 주주총회에서 병에 걸린 사장의 부탁으로 시부사와는 의장을 맡게 된다. 시부사와는 2시간 동안 총회를 진행하고 2시간 동안 간담회를 열어 원만하게 마무리했다. 그런 시부사와에 대하여 지배인이었던 우에무라(上村)는 다음과 같이 평가했다.

> 회사의 위기에 즈음하여 모든 것을 짊어지고 곤란을 극복하고자 하는 것이 평범한 사람의 모습이 아니었다. 존경하는 마음을 느꼈다.

이후에도 사장을 대신해서 총회를 이끌어간 경우는 여러 번 있었다고 한다.

더욱 놀라운 것은 회장·감사·이사 등의 요직을 결정하는 역할을 그에게 맡기는 경우가 많았다는 것이다. 특히 회사가 존폐위기에 놓이거나 합병 등의 큰 변동이 있을 경우에 그러했다. 두 개 이상의 회사가 합병을 하게 되어 어느 쪽이 회장과 사장 등 요직을 맡을 것인가, 하는 무척이나 예민한 문제조차 시부사와에게 맡겨지는 경우가 많았다.

일본어의 '네마와시'란 사전 물밑작업을 통해 본회의 등에서 원만히 결정되도록 하는 것을 말한다. 시부사와는 총회가 원만히 진행되도록 네마와시를 적극 수행했다. 네마와시란 일본의 관행이기에 특별한 것은 아니지만 시부사와는 특히 이런 역할에 탁월했다고 한다.

1893년부터 작성된 『일본 전국회사 임원록』에는 시부사와가 얼마나 많은 회사의 경영에 관여했는지 잘 보여주고 있다. 그가 관여한 회사들은 맥주·가스·보험·제지 등 일본에 존재하지 않던 이식산업과 철도·항만·탄광 등 근대경제의 인프라 등이 대부분이었다. 아울러 '한 업종에는 한 회사'라는 원칙을 보였지만 부득이 다수의 회사에 관여할 경우 지역적 분산을 이루어 충돌을 피했다. 그가 창업 활동에서 보여준 원칙이 거의 그대로 적용되었다.

그가 맡은 직위는 각각의 회사 상황에 따라 다양하게 나타났다. 7개 회사의 경우 장기적으로 회장과 총재를 역임했는데, 대표적으로는 그의 기반인 제일국립은행을 들 수 있다. 또 장기적으로 관여하지만 회장 등은 일시적으로 역임한 회사(아마 위기 등에 구원투수로 등판한 듯)가 4개, 장기간 이사 등의 임원을 맡았던 회사가 3개, 단기간 관여했지만 회장 등 중직을 맡았던 경우가 오지제지·경인철도·경부철도 등이다.

시부사와는 창업과 함께 이러한 경영활동을 통해 부를 얻기는 했다. 1897년 고액소득자 순위는 18위였고 대주주 순위는 25위였고 아울러 31개 사의 임원을 겸직했다. 그의 소득은 배당·급여·주식매각 수익 등이 중요한 부분을 차지한다. 주식을 갖고 경영에 관여하니 배당과 급여를 챙겼고 필요할 때마다 갖고 있던 주식을 매각해서 차익을 얻기도 했다.

하지만 그렇다고 해서 시부사와의 업적을 수완 좋은 투자가 또는 경영자의 성공스토리로 볼 수는 없다. 그는 결코 근대 일본의 워런 버핏은 아니었으며 성공의 롤모델도 아니었다. 그도 결코 이익을 얻는 것이 악하다고 하지 않았고 도리에 맞는 행동으로 얻은 이익은 선하다고 했다. 그러나 그것이 도덕적이고 공익을 우선하는 것이어야 한다고 믿었다.

그러기에 손해가 명백한 사업이라도 공익을 위해 기꺼이 투자를 하곤 했다. 1888년에 설립된 제람(製藍)회사의 경우를 보자. 어려서 가업으로 쪽과 염색 사업에 종사한 적이 있는 그는 수입산 쪽이 늘어나자 이를 국산화를 하고자 이 회사를 세웠다. 하지만 1892년 8월 2,808엔의 손해를 보고 결국 회사는 해산되었다. 그 후 1895년 10월 아오키 아나오하루(青木直治)를 통해 아오키(青木)상회를 세우게 하고 수입 쪽의 판매사업을 전개했고 설립자금 4만 엔을 빌려줌과 아울러 아오키가 요코하마 정금은행(横浜正金銀行: 지금의 외환은행)에서 빌린 2만 5,000엔의 보증을 서주었다. 하지만 이 회사 역시 실패하여 1896년 해산했는데 시부사와의 손해는 정확히 알 수 없으나 상당한 액수였다(2만 5,000엔+4만 엔=6만 5,000엔+α).

시부사와는 이렇듯 필요한 경우 리스크를 감수하고라도 도움의 손길을 폈다. 긴급한 운전자금을 대부해주는 것은 물론 금융기관 차입을 위한 담보용으로 주식을 대여해주고 연대보증인이 되어주는 일도 기꺼이 받아들인 것이다. 이러한 행위로 인해 그가 떠안아야 할 리스크조차 그에겐 공익이라는 대의 앞에서 무의미한 것이었다.

따라서 외형적으로는 시부사와가 엄청난 자산가이고 고소득자이지만 그가 그것으로 호사를 누렸을 가능성은 그리 크지 않다. 물론 보통 사람에 비하면 상당히 부유한 삶을 산 것은 사실이다. 하지만 수익이 발생하면 그것을 새로운 곳에 투자하거나 대부해주는 식으로 계속 움직였기 때문에 실제로 수중에 엄청난 부가 쌓이기는 어려웠을 것이다. 일본의 워런 버핏이라 불려도 될 정도의 뛰어난 능력으로 투자수익을 올린 시부사와이지만 그것은 결과일 뿐이었던 것은 아닐까?

시부사와의 경영활동으로 그가 세운 기업들은 대부분 잘

성장했다. 그것은 근대 일본경제 발전에 크게 기여함은 물론 오늘날까지 그 발자취를 남기는 것이었다. 오지제지·도쿄해상보험·도쿄전력·제국호텔·가와사키(川崎)중공업 등이 그러한 예다. 일본에 장수 기업이 세계에서 제일 많은 것은 시부사와 같은 뛰어난 경영인의 공로 때문일지 모른다.

경영에서도 그가 쌓아올린 명성과 신뢰는 큰 힘이 되었다. 이익이 충돌하고 서로의 견해가 엇갈려 위기에 처했을 때, 회사가 합병 등 중요한 사안을 결정할 때, 자금이 부족하여 도산위기에 처할 때 시부사와는 구원투수가 되어 혼신을 다했다. 또한 임원으로서 대주주로서 자신이 할 수 있는 모든 것을 다하여 기업의 발전에 공헌했다. 기업문제 해결사 시부사와는 그렇게 해서 경제대국 일본의 빛나는 별이 되었다.

재계 리더로서의 역할

과연 우리나라 재계에 시부사와 같은 리더가 존재했을지 의문이다. 예를 들어 회사를 창설하려고 할 때 무엇을 어떻게 해야 할지 알려주거나 또는 경영 노하우를 가르쳐준다든지 하는 식으로 적극적으로 도와줄 수 있는 기업인이 있었던가 하는 것이다. 오히려 반대가 아닐까? 회사가 하나 만들어진다는 것은 라이벌 또는 잠재적인 적이 늘어나는 것이니 도와주기는커녕 방해라도 하고 싶을 것이다. 더구나 경영 노하우를 가르쳐준다는 것은 생각할 수조차 없지 않을까?

그러나 일본 근대사에는 개별적 기업의 이익을 넘어서 재계를 위해 성심을 다한 지도자들이 상당수 존재했다. 당시 기업이란 외세의 압박을 물리치고 나라를 수호할 '부국강병'의 수단이었고 기업가는 애국자로 여겨졌다. 진심이야 어쨌든 이들은 국가와 민족을 위해 단결하여 일본을 경제강국으로 만들어야 하는 사명감에 불타올랐다. 따라서 재계는 리더에 의해 하나로 뭉칠 마음가짐이 있었고 '보이는 손'이라고 일컬어지는 리더들이 그들을 이끄는 것은 자연스러운 결과라 할 것이다.

시부사와가 재계의 리더가 된 것은 이러한 배경을 전제로 한다. 물론 그가 쌓아올린 명성과 신뢰가 그리고 훌륭한 리더십이 있었기에 가능했기는 하다. 하지만 외부의 적으로부터 나라를 지켜야 한다는 위기의식에 따른 '단결'이라는 요소가 그의 개인적 자질을 꽃피우게 하도록 만든 것 또한 부인하기 어렵다. 오늘날 일본에는 시부사와 같은 리더가 존재하지 않는데 그렇다고 시부사와에 버금가는 능력을 가진 인물이 없다고 단언하기는 어려울 것이다. 하지만 오늘날 일본의 재계는 함께 위기를 헤쳐나가자는 의식이 약하기 때문에 그러한 리더의 출현이 어려울 것이다. 다만 '잃어버린 20년'을 거치면서 시부사와에 대한 관심이 높아지고 있으며 이는 오랜 경제불황으로 인한 위기감에서 비롯되었다고 하겠다.

시부사와가 재계 리더로서의 역할은 1876년 국립은행 조례개정 이후 급속히 늘어난 국립은행에 대한 그의 지원에서 잘 나타나고 있다. 국립은행은 원래 정화(금·은 등의 귀금속으로 되어 있어 그 가치가 확고하게 보장되어 있는 화폐)를 담보로 지폐를 발행하는 기능을 가졌는데, 막상 지폐의 가치가 불안정하기 때문에 정화와의 차액이 발생하여 손해를 보기 쉬워 정부의 바람과 달리 그다지 설립이 제대로 이루어지지 않았다. 하지만 조례개정으로 이러한 문제가 상당히 사라졌기 때문에(정화와의 교환의무 해제) 설립 붐이 일어나게 된다.

시부사와는 국립은행 설립의 과정에서 발생하는 곤란에 대하여 적극적으로 도움을 주었다. 1876년의 질록처분(秩祿處分)으로 인해 국가로부터 급여 대신 거액의 공채를 받게 된 옛 영주들이 국립은행 설립에 큰 관심을 가졌고 시부사와는 이들에게 큰 힘이 되었다. 제59국립은행의 경우 옛 영주들이 아오모리현(青森縣) 당국과 함께 15만 엔을 모아 제일국립은행의 지점을 설립하고자 시부사와에게 요청했지만 시부사와는 지점 대신 새로운 은행을 설립하도록 하고 사원의 연수(서양식 부기법 교육 등)와 같은 각종 지원을 제공하여 설립된 것이다. 1878년에는 『중외은행설(中外銀行說)』이라는 해설서를 편찬하여 은행설립과 경영에 관심 있는 이에게 배포했다. 1876~1879년 사이에는 제16, 19, 20, 23, 69은행의 설립을 지도하는 한편 이들과 계약을 맺고 업무협조를 했다.

또 시부사와는 은행업계에 대한 지도와 지위향상을 위하여 1877년 은행업계 단체인 '택선회(択善会)'를 조직했다. 이는 급증하는 은행들을 개별적으로 도울 수 없다는 생각에서 비롯되었다. 택선회는 매월 정기 모임을 갖는 한편 회지를 발간하여 동업자에게 새로운 지식과 정보를 통한 계몽을 하다가 1880년 유사 조직을 통합하여 '도쿄은행집회소'로 개편된다.

시부사와는 은행 업계만이 아니라 전체적인 산업계의 조직에서도 활발하게 활동을 폈다. 1872년 현재 일본상공회의소의 전신인 '도쿄회의소'가 설립되자 도쿄지사의 요청으로 이사에 취임한다. '도쿄회의소'는 도쿄의 인프라정비, 상업교육을 위한 도쿄상업학교 설립, 사회복지시설정비 등에 힘썼는데 1876년 잔여 재산을 도쿄부(東京府)에 반환하고 해산했다. 그 후 오쿠마 시게노부와 이토 히로부미가 조약개정을 위한 경제계의 여론조성을 권하는 한편 실업가들의 상호

연락을 통한 상공업 발전을 꾀할 필요성을 절감한 시부사와에 의해 1878년 도쿄상법회의소가 설립되었다. 시부사와는 1905년까지 27년간 회장으로서의 역할을 수행했다.

일본의 재계는 다른 나라에 비해 경쟁 속에서도 협력하는 면이 강한 것 같다. 왜 그럴까? 그것에 대한 정답을 말하기는 어렵다. 하지만 적어도 시부사와가 재계의 리더로서 활동하던 시절에 일본의 재계는 국가에 의존하지 않고 자체적으로 경제발전에 노력하는 일종의 사명감을 공유하고 있었던 것이 아닌가 싶다. 물론 이것은 재계만은 아니고 정치·사회·문화에 걸쳐 두루 나타난 현상일 것이다.

그러한 의식이 깔려 있기에 시부사와가 재계의 리더로서 활약하는 것이 가능했을 것이라는 점은 이미 기술한 바 있다. 이는 확연히 우리와 다른 점이 아닐까 싶다. 오늘날까지도 우리는 민간의 리더라는 것이 낯설기만 하다. 어쩌면 우리는 오랫동안 국가의 역할이 너무 컸기에 무언가 생기면 국가가 알아서 해주겠지, 라는 의존심을 갖게 되었기에 민간의 리더가 출현하지 않았고 리더의 부재가 더욱더 국가에 대한 의존을 더욱 강화시켰을지 모른다.

사회공헌

사회공헌의 사상적 기반

'노블레스 오블리주'를 너무 미화할 필요는 없다. 그것은 지배세력이 자신들의 세상을 유지하기 위한 꼭 필요한 수단이었기 때문이다. 마치 깡패 우두머리가 가끔은 '똘마니'에게 인심 좋게 베푸는 것과 같다고 해야 한다. 이로 인해 평소에 자신들이 당하는 착취에 대한 분노를 완화시킬 수 있을 것이다.

> 부자는 자기 혼자 부자가 되는 것이 아니다. 즉 사회로부터 돈을 벌 수 있도록 혜택을 받은 것이다. …사회의 은혜라고 생각하고 사회공헌이나 공공사업에 대해 솔선수범한다면 사회는 몇 배로 건전해진다. …늘 사회적 은혜를 생각하며 사회에 봉사하려는 도덕적 의무를 다하려고 애써야 한다.
>
> (시부사와, 『한 손엔 '논어'를 한 손에는 주판을』에서)

시부사와는 '노블레스 오블리주'에 대한 생각이 조금은 달랐음을 알 수 있는 글이다. 그에겐 역시 사회주의적 사상의 흔적이 엿보인다. 부자가 힘없는 사람들에게 자비를 베푼다는 의미가 아니라 사회에 대한 무형의 빚—자신이 부자가 된 것이 사회 때문이라는—을 갚아야 한다는 의식이 있다. 자신의 능력과 노력에 모든 공을 돌리는 자본주의적 사고와는 거리가 있다.

하지만 생각해보면 이 이야기는 지극히 당연한 주장이다. 천재가 아무리 훌륭해도, 기업가가 아무리 수완이 좋아도, 혼자서는 아무것도 이룰 수 없기에 인간은 사회적 동물이라는 점을 부인할 수는 없다. 사장이 아무리 유능해도 직원들의 협력이 없다면 사업을 성공시킬 수 없으니 사원들의 급여는 사장이 주는 것이 아니라 사실은 자신들의 노력의 대가이며 사장은 이들의 노력으로 부유해지는 것이니 도리어 감사해야 하는 것 아닐까?

시부사와는 어째서 사회주의적인 색채의 사상을 품고 있었던 것일까? 시부사와가 사상적인 스승으로 삼은 인물은 공자(孔子)다. 그는 평생 『논어(論語)』를 곁에 두고 연구하고 암송하며 살았다고 고백했다. 『논어』만이 아니라 사서오경(四書五經)을 모두 공부한 시부사와이니 그가 유교사상에 크게 영향을 받았을 것은 명약관화하다.

그렇다면 우리는 하나의 의문을 가질 수 있다. 유교란 우리에게 보수의 상징과도 같다. 그런데 시부사와는 사회주의적인 생각을 지니고 있다. 심지어 그는 노동운동가를 도와주고 여공들의 파업에 지원금을 보내기까지 했다. 이로 인해 그는 자본가들에게 '계급적 배신자'라는 비난도 들어야 했다. 그렇다면 그는 유교와 사회주의라는 모순을 어떻게 조화시켰을까?

사상이든 종교든 그것을 어떻게 받아들이느냐에 따라 전혀 다른 성격을 갖게 된다. 시부사와는 프랑스에서 생시몽주의자와의 교류를 통해서 사회주의의 영향을 조금은 받았다. 하지만 그보다는 그의 삶의 궤적이 유교 안에 있는 사회주의적 요소를 발견하고 이를 신념으로 삼았다고 보아야 할 것이다. 그의 사회주의는 카를 마르크스가 주장하는 계급투쟁에 기초한 것이 아니라 생시몽을 비롯한 '공상적 사회주의자'의 사상에 가깝다.

> 가난한 자와 부자와의 관계를 원만히 하고 조화를 꾀하도록 애쓰는 것이 지식인의 책무다. 자본가는 근로자를 인의(仁義)로써 대하고 근로자 또한 신뢰를 가지고 자본가를 대한다. … 그런 관계 속에서 '사업으로 발생하는 이익과 손해를 양쪽이 공통으로 감수한다'는 마음으로 일한다.

시부사와는 서양의 '노블레스 오블리주'와는 다른 의미에서의 사상적 기반을 가지고 사회공헌을 전개했다고 할 수 있다. 그것은 권력과 부를 가진 자들이 베푸는 자비가 아니라 사회의 소중함을 잘 알고 또 함께 살아가는 세상을 꿈꾸는 이상주의에 기초한 것이다. 그것이 사회주의였든지 아니었든지 그에게는 마땅히 해야 할 의무였고 이로써 사회가 발전하여 보다 더 나은 세상이 온다고 생각했다.

시부사와에겐 사회공헌은 기업창업과 경영활동과 동일선상에서 이루어진 업적이었다. 경제는 그에게 자신의 신념을 실현시키는 장이었다. 올바른 길을 가고자 했고 경제가 소임이라 여겨 정치 대신 경제를 선택했고 공익을 위하여 경제활동을 펼쳐가는 가운데 사회공헌으로 확대되어간 것이다. 양자 간에 차이는 없고 다만 자신이 경제를 중심으로 삼았기 때문에 보다 큰 비중이 경제에 놓여졌을 뿐이다. 그가 국민지도자로서 그 위상을 높인 것처럼 자연스럽게.

사회공헌의 내용

시부사와가 관여한 사회 공공사업은 대략 600개 단체라고 한다. 그 가운데 국제친선·내빈접대 등을 제외하고 약 400여 단체를 장기 또는 단기적으로 지원했다. 종류별로 보면 사회사업, 도덕종교단체, 실업교육·여자교육·학술교육 등인데 크게 나누면 자선사업·교육사업·계몽활동·기타 등 4가지다.

그렇게 엄청난 수의 기업에 관여하면서도 사회공헌을 이

토록 실천할 수 있었던 것은 시부사와가 이 모든 것을 즐겼기 때문이 아닐까 싶다.

공자는 "무언가를 안다는 것은 그것을 좋아하는 것만 못하고 좋아한다는 것은 즐기는 것만 못하니… 분명 이것은 자신이 좋아하는 일에 몰두하는 것, 즉 취미의 극치를 말하는 것이다. 자신의 일에 대해서는 반드시 이러한 열정이 있어야 한다"고 말했다.

요즘에도 비슷한 말이 있다. 재능 있는 사람보다 노력하는 사람이, 노력하는 사람보다 운이 좋은 사람이, 또한 운이 좋은 사람보다 즐기는 사람이 더 낫다는 것이다. 공자가 그랬듯이 시부사와 역시 자신의 방대한 일을 즐기면서 몰두한 것이라고 짐작할 수 있다.

시부사와가 가장 힘을 기울인 것이 교육사업 그중에서도 실업교육이었다. 1892~1916년 사이에 무려 26개의 상업학교에 관여하고 있다. 시부사와는 상인이 사회적으로 존경받지 못하는 것은 교육을 제대로 받지 못했기 때문이라고 여기고 훌륭한 교육을 받은 실업인을 배출함으로써 사회적 지위를 높일 수 있다고 믿었다. 새로운 시대에 적응하기 위해서 반드시 실업교육의 필요성을 강조하고 상인에겐 교육이 필요 없다는 주장을 일축했다.

오늘날의 히토쓰바시(一橋)대학교의 전신, 도쿄상과대

학(東京商科大学)은 시부사와의 끊임없는 지원으로 탄생할 수 있었다. 1875년 휘트니(W.C. Whitney)를 교사로 '상법강습소(商法講習所)'라는 이름의 사립학원의 형태로 출발하여 1876년 도쿄시로, 1884년 농상무성(農商務省)으로 이전되면서 도쿄상업학교로 바뀌고 1885년 이후는 문부성으로 이관되어 1902년에 도쿄고등상업학교(도쿄고상)가 되었다.

시부사와는 도쿄고상을 상과대학으로 승격시키는 운동을 적극적으로 지원했다. 도쿄고상 학생들은 도쿄제대 수준의 교육을 요구했고 시부사와는 실업인의 지위 향상을 위해서는 더 높은 수준의 교육이 필요하다고 생각했기에 이를 지지했다. 그러한 과정에서 상과대학으로의 승격 운동이 전개되었는데 도쿄고상의 상의원(상임위원)들 대다수가 반대하는 가운데 시부사와는 이를 강력히 지원하게 된다.

하지만 1908년, 문부성은 이에 대하여 엉뚱한 방안을 제시했다. 애초에는 도쿄제대 법학부에 상업학과를 설치하고 도쿄고상의 전공부를 폐지한다는 결정을 내렸다. 이에 반발한 학생들은 전원 자퇴라는 초강수로 나왔고 이에 시부사와는 학생들의 복귀를 종용했다(신유사건). 그러자 문부성은 도쿄제국대학과의 합병안을 들고 나왔다. 도쿄제대는 최고의 권위를 가진 대학이니 당연히 받아들일 줄 알았지만 학생들과 시부사와는 생각이 달랐다. 도쿄대에 들어가면 관학(官

學)이 되는데 이는 관이 아닌 민의 경제를 추구하는 시부사와의 신념에 어긋나는 것이었다. 결국 합병안도 무산되고 문제는 원점으로 돌아갔다.

결국 1920년 도쿄고상은 도쿄상과대학으로 승격하게 되었다. 그해 상과대학을 설립하는 대학령이 제정되었던 것이다. 시부사와는 도쿄상과대학의 승격에 공헌한 것만 아니라 도쿄상과대학에 대한 기대를 표시한다. 상인에겐 학문이 필요 없다는 인식을 불식시키기 위해서 학문의 유용함을 나타낼 것 그리고 지식편중이 아니라 도덕적으로도 바르게 운영할 것을 강조했다. 시부사와의 이러한 기대는 오늘날까지 이어졌고 도쿄상과대학은 히토쓰바시대학교라는 이름의 일본 굴지의 명문대학으로 발전했다.

시부사와의 실업교육에 대한 생각이 잘 나타난 것은 1901년에 개교한 게이카(京華)상업학교의 제1회 졸업식 연설이다. 국가의 중심은 군사도 정치도 법률도 아니고 상공업이기에 국가 전체의 부가 늘어나야 국가가 발전한다고 강조하고 영국이 세계 최강의 나라인 것은 상공업 때문이라고 했다. 따라서 일본에서도 상공업이 제일 중요하고 이를 위해 상업교육이 중요하다고 역설했다. 시부사와의 경제중심주의와 상업교육에 대한 신념이 잘 표현되었다고 하겠다.

시부사와는 실업교육의 방향에 대한 비판도 아끼지 않았다.

일본에서도 최근에는 실업교육에 주목하여 조금씩 나아가고는 있지만… 안타깝게도 그 실업교육 방법은 다른 방면의 교육방법과 마찬가지로 초조감과 조급함에 내몰려 지식을 배우는 데 치중되어 있다. 사회의 도리라든가 인격·도덕 같은 것은 터럭만큼도 찾아볼 수가 없다.

이미 여러 번 언급했지만 시부사와에게 경제발전은 부유함을 누리기 위한 것이 아니라 국가와 사회 발전을 위한 수단이었다. 그러기에 경제도 도덕적이어야 한다고 믿었고 실업교육도 마찬가지로 도덕으로 무장되어야 한다고 생각한 것이다. 하지만 후진국으로서 일본은 정신보다는 기술과 지식을 먼저 배워야 한다는 생각이 퍼져 있었는데, 시부사와는 이를 못마땅하게 여겼다.

경제계에 종사하는 사람들은 군인과 같은 절제된 자질과 함께 한 가지 더 갖추어야 할 중요한 것이 있다. 그것은 바로 '자유로운 사고'다. 경제 방면에서는 군사업무처럼 일일이 상관의 명령을 기다렸다가는 좋은 기회를 놓쳐버리고 만다.

시부사와는 자유로운 사고, 즉 창의력을 가진 경제인을 길러야 한다는 주장을 알기 쉽게 군인과 비교를 했다. 주어진 것만을 해서는 진정한 발전이 없다는 것은 오늘날에도 그대로 적용할 수 있는 보편적 원리 아닐까 싶다. 특히 제4차 산업혁명이라는 흐름 속에서 시부사와의 '자유로운 사고'는 경제만이 아니라 모든 교육에서 대단히 중요한 발상이다. 시대를 앞서가는 시부사와의 선견성이 엿보이는 대목이다.

하지만 불행하게도 일본의 교육은 시부사와의 이러한 생각을 제대로 반영하지 못한 채 오늘에 이른 것 같다. 오늘날 일본경제가 예전만큼의 모습을 보이지 못하는 것도 올바른 도덕성과 창의성이 결여되어 있기 때문이고 그것은 일본의 교육이 그러한 점을 제대로 충족시키지 못하는 데서 비롯되는 것은 아닐까? 여전히 지식습득 위주로 이루어지는 일본의 교육은 시부사와가 걱정했던 그 시절의 모습 그대로인지 모른다.

시부사와는 자선사업에도 열을 올렸다. 1872년 실업인 모임인 도쿄회의소가 궁민(窮民)대책사업으로 시작한 양육원(養育院)의 원장에 취임했다. 그 후 양육원이 도쿄부의 소관사업이 되었어도 계속 원장으로 재직하며 사업을 지원했다. 간토대지진 때는 협조회의 부회장으로서 구제사업에 진력을 다했을 뿐 아니라 민간 구제단체를 조직하여 구조와 원조활동을 전개했다. 그 당시 시부사와의 나이는 이미 80대 중반이었음을 고려하면 놀라운 일이다.

관동대지진 구호회 회원들과 함께한 시부사와(왼쪽)

이러한 자선사업은 국내에만 머물지 않았다. 1906년 미국 샌프란시스코에서 일어난 지진피해 돕기 기부운동에 앞장선 결과 일본의 기부액수가 최고가 되었다고 한다. 자신이 솔선해 기부하면 다른 재계인들을 이끌 수 있다는 신념에 의한 것이었다. 1931년 8월에는 중국 수재(水災)에 대한 원조를 위해 만들어진 중화민국 수재동정회의 회장이 되어 9월 6일 라디오로 기부를 촉구하는 연설을 하기도 했다. 이것은 시부사와의 마지막 공식 일정이 되었으며 그해 11월에 숨을 거둔다. 비록 그의 노력이 만주사변의 발발로 수포로 돌아갔지만 최후의 순간까지 사회에 대한 자신의 의무를 다하려는 노력은 참으로 숭고하다고 할 수밖에 없다.

그 밖에 중요한 것은 계몽활동이었다. 관존민비의 철폐, 여성교육, 도덕과 경제의 일치 등을 전파하는 활동을 전개함으로써 국가와 사회의 건전한 발전을 꾀했다. 여성교육에 대하여 특히 관심이 많았던 그는 여성교육의 중요성을 다음과 같이 말했다. 여성을 사회의 인재로 여기는 생각은 오늘날의 시점에서 보아도 매우 선진적이었다 하겠다.

> 여성의 교육은 2세의 교육에 절대적으로 영향을 미치며… 아울러 여성이 인재로서 활용되도록 교육함으로써 일본은 지금보다 2배의 인재를 더 가지게 되기 때문에 여성 교육은 무엇보다 중요하다.

시부사와는 인자한 성품이었다. 그는 매일 아침 한두 시간을 방문객을 위해 할애하며 이들의 고충에 귀를 기울이고 자신이 할 수 있는 것이라면 나서서 해결하려고 했다. 그가 평생 삶의 지침서로 여긴 『논어』의 정신 '인(仁)'을 실천한 셈이다. 때로는 악한 사람이라 할지라도 좋은 사람으로 이끌기 위해 도움을 주어 본의 아니게 비난을 받기도 했다. 상대의 이념이나 입장보다 자신의 인간적인 도리를 다하고자 했던 그에게 그러한 문제는 피하기보다는 그냥 받아들일 수밖에 없는 결과였을 것이다.

그가 행한 사회공헌은 바로 그러한 인의 정신에서 비롯되었다. 그것은 일종의 휴머니즘일 것이다. "대접받고 싶은 대로 남을 대접하라"는 기독교의 황금률은 『논어』의 '인'의 정신이기도 하다. 그것이 그에게는 고통이라기보다는 삶의 보람이요 즐거움이었을 것이다. 누군가가 시부사와의 유일한 취미는 선한 일을 하는 것이라고 했는데 틀린 말은 아닌 것 같다.

제5장 시부사와의 생애: 황혼기(1916~1931)

재계 지도자에서 국민지도자로

"메이지의 사람들은 국가의 일을 자신들의 일로 여기고 나섰다"는 말이 있다. 메이지시대(1868~1912)는 수많은 영웅을 등장시켰는데 그만큼 난세였음을 의미한다. 1800년 전후부터 일본의 해안에 출몰하던 이양선(異樣船: 일본표현으로 흑선) 그리고 끊임없는 개항요구, 무엇보다 중국의 아편전쟁 패배와 강제개항의 충격… 마침내 강요된 개항에 따른 위기로 일본 전체가 흔들리자 애국을 하고자 하는 인물들이 쏟아져나왔다.

그 덕분에 서양의 외압에 떨던 작은 섬나라는 메이지가 끝날 무렵엔 세계열강의 일원이 되어 어깨를 나란히 하게 된다. 명나라와 인도까지 정복하겠다던 도요토미의 야망은 만주사변·중일전쟁·태평양전쟁 등을 통해 실현되기 직전까지 갔다. 이 모든 것의 시작이 메이지시대의 많은 영웅들에 의해 시작된 한 편의 대하드라마였다.

시부사와도 이 대하드라마에서 커다란 역할을 수행한 주연 중의 한 명이다. 1921년 시부사와는 워싱턴 군축회의를 참관하고 미국의 배일(排日)문제를 해결하기 위해 미국으로 향할 때 당시 수상인 하라 다카시(原敬)를 비롯한 모든 각료들 그리고 재계인사, 제국극장의 여배우들, 와세다대학교 학생들 등의 성대한 환송을 받았다. 가히 국가 원수급이라 하겠다. 미국에서도 대통령을 비롯하여 각계의 환대를 받았고 '일본의 그랜드 올드맨(원로)' '일본의 모건(미국 제일의 금융자본가)'이라는 칭호를 부여받을 정도의 위상을 가졌다.

인생의 막바지에 접어든 시부사와는 재계가 아닌 일본의 국민지도자가 되어 있었다. 시부사와의 삶의 영역은 끊임없는 성장과 확대를 거듭했고 마침내 일본을 넘어 세계로 향하게 되었다. 그것은 언제나 그랬듯이 계단을 밟아 오르는 것 같아서 이전의 자리에서 계속해서 상승하여간 결과였지 비약적으로 어느 날 갑자기 된 것은 아니었다. 가업에서 기업 그리고 국가적 과업을 수행하는 가운데 그는 일본의 거인, 나아가 세계적 인물이 된다.

숨을 거두기까지 사명을 다한 삶

1916년 시부사와는 76세의 나이로 자신의 가장 큰 활동 기반이었던 제일은행(제일국립은행)의 행장을 사직하며 사실상 재계를 은퇴하게 된다. 이전부터 조금씩 자신의 어깨에 놓인 직책을 내려놓기 시작했지만—1909년 일차적으로 은퇴를 단행한다. 이때 62개 회사와 15개의 사회공공단체에서 물러난다—제일은행에서의 은퇴는 큰 의미를 가진다. 이후로 시부사와는 진정한 국민지도자로서의 삶에 약 16년의 세월을 보내고 여생을 바치게 된다.

시부사와가 특히 힘을 기울인 사업은 크게 세 가지 과제의 해결이었다. 하나는 경제와 도덕의 일치, 또 하나는 자본과 노동의 조화, 마지막으로 서민구출 수단의 통일이었다. 이는 일본의 산업혁명과 자본주의화로 인해 생기는 필연적인 문제들이었는데—다른 나라도 마찬가지일 것이다—시부사와는 평생 경제활동에 매진한 사람이었기에 그로 인한 사회적 문제에 대하여 큰 책임감을 느끼고 이를 해결하고자

한 것이 아닐까 싶다.

사회가 물질만을 중시하는 도덕적 타락에 빠졌다고 시부사와는 그의 저서에서 개탄하곤 했다. 아울러 국가와 사회보다 자신의 이익만을 추구하는 풍토에도 비판의 목소리를 높였다. 그가 도덕과 경제의 일치를 세상을 향해 부르짖기 시작한 것도 평소의 소신에서 비롯되었을 것이다. 구체적으로는 자신이 세운 인재양성 단체인 '류몬사(龍門社)'를 통한 '도덕 경제 합일설'의 보급과 각종 수양단체에 대한 지원활동을 전개하게 된 것이다.

시부사와의 사회주의 성향에 대한 언급을 여러 차례 했지만 그것은 노동조합과 노동운동에 대한 태도에서 여실히 드러난다. 1920년대 일본의 노동조합 운동을 이끈 '우애회(友愛會)'의 지도자들과 교류하며 지원한 것은 일반적인 자본가나 경영자에겐 있을 수 없는 일이라 하겠다. 아울러 1919년 격화되는 노동운동에 대한 대책으로 노사협조를 위한 '협조회'를 조직하여 노사협조를 위한 조사연구와 사회사업을 하도록 했다. '이익도 손해도 노사가 나눠야 한다'는 그의 협조정신을 실현하기 위한 조직이었다고 볼 수 있다. 시대적 과제에 민감하게 현실적으로 대응해온 그의 합리적 사고가 엿보이는 대목이다.

시부사와의 신념이 가장 잘 나타나는 것은 역시 사회사업이 아닐까 한다. 경영일선에서 대폭 은퇴한 후—물론 기업 경영에서 완전히 손을 떼지는 못했다. 그를 필요로 하는 기업이 꽤 있었기 때문이다—사회사업에 더욱 힘을 기울였다.

> 자신의 입신도 중요하지만 동시에 사회에 공헌할 수 있는 일을 많이 해서 사회의 발전과 번영을 꾀하고 싶다는 생각을 늘 품고 있다. …남에게 도움을 주고 싶은 마음이 넘쳐난다. …도움을 청하는 방문객이 넘쳐나지만 나는 늘 그들을 돕고 그들이 목적이 달성될 수 있도록 도와주고 싶다. …면회를 거절하거나 편지를 읽지 않는 것은 매사의 신의성실 하고자 하는 나의 신념에 거스르는 행동이다. (평판이 나쁜 사람들을 돕는 것에 대하여) 악인을 악인이라고 점찍어두고 증오하지 않는다. 그래서 그 사람을 선한 쪽으로 이끌고 싶은 생각에 처음부터 악인임을 알고서도 도와주는 경우도 있는 것이다.

시부사와의 사회사업이 결코 자신의 평판을 위한 보여주기가 아님을 잘 알 수 있는 말이다. 거듭 말하지만 시부사와의 바이블인 『논어』의 '인(仁)'의 정신을 실천하고자 하는 그의 신념이 사회사업에 대한 열정을 가져왔다 할 수 있다. 그것은 기만적 '노블레스 오블리주'나 홍보차원에서 자선사업이나 사회사업을 하는 오늘날의 기업과는 전혀 다른 것이었다. 굳이 말하자면 대통령을 그만두고 세계를 위해 정열적으로 활동하는 미국의 지미 카터에 비할 수 있다고 본다. 카터에게 대통령직은 자신의 봉사를 위한 수단에 불과했듯이 시부사와에게 경제활동은 국가발전과 '인(仁)'의 실천을 위한 수단에 불과했을 것이라고 생각한다.

시부사와는 대외관계에 있어서도 평생 힘을 쏟았다. 그가 가장 중시한 것은 대미 관계다. 미국이 일본의 경제발전에 매우 중요한 상대였다는 것과 러일전쟁 이후 미국과의 관계가 악화되었고 특히 미국에서 배일(排日) 분위기가 높아졌기 때문이다.[10] 1920년 미일 무역을 보면 미국에서 일본에의 수출이 3만 7,000달러로 이는 전체 수출액의 4.5퍼센트인데 비하여 일본의 미국에 대한 수출은 4만 1,000달러로 42퍼센트나 되었다. 액수는 비슷하지만 미국경제가 워낙 크기 때문에 비중에서는 거의 10배 수준이었다. 시부사와는 미국과의 우호관계를 중시하지 않을 수 없었다.

배일 분위기의 고조는 일본에 대한 미국 내 여론의 악화와 '황화론(黃禍論)'이라는 인종적 편견에서 비롯되었다고 하겠다. 미국은 일본이 러일전쟁에서의 승리와 조선의 식민지화 등으로 커다란 위기의식을 느끼는데 이는 황인종이 세계를 지배할지 모른다는 터무니없는 편견과도 관계가 깊다. 미국은 일본의 실력을 과대평가하고 있었기에 일본에 대하여 위협감을 느끼고 있었고 심지어 일본이 미국에 전쟁을 걸어올 것이라는 예측이 나오기도 했다.

미일관계의 악화에는 미중관계가 관련이 되어 있다. 미국의 문호개방주의(Open Door Diplomacy: 중국에 대한 각국의 기회를 균등히 하자는 주장)의 원칙에 따르면 일본은 과거 러시아와 마찬가지로 중국에서의 이익을 독점하려는 탐욕적인 존재였다. 아울러 조선과 중국의 처지를 동정하는 일부 휴머니즘적인 인사들이 미국에 반일(反日) 여론을 일으키거나 중국의 자주독립을 돕는 운동을 펼친 것도 일본에 대한 여론 악화를 조장했다.

일본인 이민들의 강한 유대감과 민족의식도 반일여론을 부추겼다. 일본인 이민들은 자신들의 단체를 만들어 임금이나 노동조건의 정보를 교환하고 일자리 소개 등을 통해 이익을 지켰고 본국에서의 생활양식을 그대로 유지하며 살았기에 현지인들의 반감을 샀다. 따지고 보면 이국만리에서 자신들의 삶을 지키려는 노력인데 여론은 그리 호의적이지 않았던 것이다.

미국에서의 배일 분위기는 일본인 이민에 대한 제한과 노골적 차별로 나타났다. 1907년 샌프란시스코 반일 폭동을 계기로 1908년 맺어진 미일신사협정으로 이민의 수를 200~300명으로 제한하기로 했지만 배일문제는 해소되기는

커녕 더욱 악화되었다. 일본과의 우호를 통해 동아시아에서의 이익을 지키고자 하는 루스벨트, 태프트 대통령을 비롯한 중앙정부의 입장과는 달리 캘리포니아 등 이민문제와 직접 부딪혀야 하는 서부지역에서는 반일감정이 고조되어 배일이민법을 제정되었다. 토지의 소유나 임차와 시민권·영주권에 대한 제한 등의 노골적 차별은 지방에서 시작되어 국가적 차원으로 확대되었다.

이러한 문제를 해결하기 위해 시부사와는 이른바 '국민외교'를 펼치게 된다. 국가 대 국가의 외교가 아니라 국민 간의 교류와 대화를 통해 상호 이해를 이룬다면 반일 여론을 잠재울 수 있을 것이라 생각한 것이다. 경제인을 중심으로 이루어진 국민외교는 표면적으로는 큰 성과를 거두었다. 그것은 미국의 경제인들도 일본과의 우호가 자신들에게 유리하다는 것을 잘 알고 있었고 워싱턴 정가도 마찬가지였다.

하지만 시부사와의 국민외교는 결국 실패로 끝났다. 이민문제와 직접적 관련을 가진 지방에서는 거시적인 측면에서의 사고방식이 지지를 얻을 수가 없었다. 나아가 인종적인 편견은 국민외교로 쉽게 해결될 문제가 아니었다. 오늘날도 인종차별이 뿌리 깊은 미국이 100년 전에는 어땠을지 짐작이 갈 것이다. 1923년 12월 5일 미국의회는 일본인 차별대우를 국책으로 하는 2개 안을 통과시켰다. 이 법안은 귀화권 없는 부모의 자녀는 속지주의에 의한 시민권 취득 불가, 1924년 6월 이후 귀화권 없는 외국인은 이민으로서의 입국을 불허한다는 내용이다.

80이 넘는 노구로 1921년의 워싱턴 군축회의를 참관하고 대통령과 각지의 주요 인사를 만나며 애쓴 시부사와의 노력은 무위로 돌아간 것이다.

미국의 일본에 대한 장기간의 외교적 실패에 대해 조지 캐넌은 『미국외교 1900~1950』에서 다음과 같이 평하고 있다.

> 오랫동안 우리는 미국의 요구가 일본의 국내 정치에 어떤 영향을 미쳤는지 생각해보려고도 하지 않았다. 일본의 대륙정책에 대한 우리의 간섭이나 억제가 일본의 극우적 군국주의를 키운 사실도 우리의 관심의 대상이 되지 않았다.… 또 자신들의 요구가 빈번히 일본의 섬세하고 민감한 마음에 상처를 줄 것에도 개의치 않았다.

미국의 외교정책과 배일주의가 상당한 부분에 책임이 있음을 이 문서는 주장하고 있다. 미국이 일본을 유달리 엄격하게 다룬 것은 일본이 서양의 국가에 비하여 약하고 또 편들어줄 동료도 없다는 점 때문일 것이다. 중국에 대한 침략을 저지른 영국이나 서양열강에 대하여 침묵했던 미국의 여론이 일본에 대해서만 반발한 것은 어찌 보면 황인종에 대한 차별적 의식 때문이라 하겠다. 가쓰라-태프트 조약, 포츠머스 조약 당시만 해도 좋았던 미일관계가 악화되어 전쟁까지 가게 된 책임의 일부는 미국에게 있다는 것을 조지 캐넌은 인정한 셈이다.

하지만 시부사와의 노력은 양식 있는 미국인들에게 인정을 받았다. 1920년 3월에 미·일의 실업가와 학자들이 개최한 '일미유지협의회(日米有志協議会)'에 참석했던 줄리안 슬리트는 10월 13일 「뉴욕타임스」에 캘리포니아의 배일운동을 비판하고 미일 국교 정상화를 역설하는 글을 실었다. 여기서 그는 시부사와를 다음과 같이 평가했다.

> 명석한 생각, 현실적 파악력, 간명하고 직접적인 접근 그리고 일관된 목적… 이 사람에게서 나는 일본국민의 최선의 모습, 가장 훌륭한 자질을 보았다. 친절하고 따듯한 마음, 세계정세에 대한 놀랄 만한 감각, 애국적이지만 결코 편협한 애국주의 틀에 사로잡히지 않는… 드물게 보는 위대한 마음가짐이 있었다. 이 사람을 나는 한없이 경애한다.

시부사와는 대미관계만큼은 아니지만 대중관계에도 많은 노력을 기울였다. 신해혁명(辛亥革命) 직후인 1912년 2월, 일본을 방문한 쑨원(孫文)에게 정치는 위안스카이(袁世凱)에게 맡기고 경제지도자가 될 것을 권한다. 아울러 일·중 합자회사의 설립을 제안했고 그래서 8월에 주식회사 중국흥업(나중에 중일실업)이 세워져 쑨원이 총재로 추대되었고 자신은 상담역을 맡게 된다. 중국과의 제휴에 대하여 시부사와는 다음과 같이 이야기했다.

> 서로의 인정을 이해하고 '자신이 원하지 않는 것을 다른 사람에게도 바라지 않는 것' 이른바 서로 사랑하고 충서(忠恕)의 도로써 교류하는 것에 있다. 이것이 곧 『논어』에 나오는 공자의 말이다. …비록 이익을 추구하는 사업이라 할지라도 도덕이 수반되어야 참된 목적을 달성할 수 있다. …성실하고 배려하는 마음으로 임해야 한다.

시부사와는 은퇴한 후인 1920년 6월에는 '일화협회(日華協會)'의 회장에도 취임했다. 일화실업협회는 미·일관계의 악화에 일·중관계의 악화가 영향을 미쳤다는 생각에서 결성되었다. 당시 일본은 군부와 경제계의 생각이 완전히 달랐다. 군부는 만주와 시베리아 등에 세력을 확보하고자 한 데 비해 경제계는 미국과의 긴밀한 관계로 인해 대미협조를 중시했던 것이다. 일중관계 개선은 그런 점에서 대미 국민외교의 일환이기도 하며 '일화협회'도 그런 취지에서 만들어진 것이다. 당시 시부사와는 병중에 있었지만 도쿄상업회의소 부회장 스기하라 사부로(菅原三朗)의 읍소에 "죽을 때 죽더라도"라는 말과 함께 회장직을 수락했다.

시부사와에게 진정한 은퇴는 없었다. 그는 죽음에 가까워진 시기에도 국가와 민족 그리고 경제를 걱정하며 자신이 할 수 있는 대로 최선을 다했다. 1931년 9월 중국의 수재를 위한 기부금 모금을 위해 라디오연설을 한 후 11월에 숨을 거두었는데 그즈음 그는 자택에서 큰 수술을 받을 정도로 건강이 나빴다는 점을 감안하면 놀라운 일이 아닐 수 없다. 그가 마지막까지 자신의 사명을 다하고자 한 것은 그의 유언에서 잘 읽을 수 있다.

제국의 신민으로 또 도쿄시민으로 더 오래 살며 한층 노력하고 싶지만, 불행히 병을 얻어 다시 일어나기 어려울 것 같습니다. …하지만 유명을 달리할지라도 영혼은 남아서 재계의 융성함과 여러분의 건강을 기원하며 지킬 것입니다. …시부사와의 마음은 언제까지나 살아서 여러분과 함께 일할 것임을 알아주시기 바랍니다. 먼저 실례합니다만 제 뜻이 아니라 병 때문임을 알아주시기 바랍니다.

눈을 감는 순간까지 자신의 사명을 다하려던 시부사와의 위대함이 엿보이는 유언이다. 그의 마지막 소원은 이루어진 것일까? 만일 그랬다면 전쟁으로 패망한 일본의 모습에 큰 슬픔을 느꼈을 것이다. 소원을 이루는 것이 기쁜 것만은 아닐지도 모른다.

제6장 시부사와를 무대에 세운 시대 배경—한일 근대화 특징

기댈 수 없으니 자립했다: 정부의 역량비교

요즘 젊은이는 부모로부터 자립하지 못하거나 의지하려는 성향이 매우 강하다. 아이의 수가 적으니 부모가 자식을 너무 잘 챙기는 바람에 그렇게 되었다. 게다가 경제력도 훨씬 좋아졌으니 다 큰 아이들에게도 각종 지원을 아끼지 않으니 자립해야 할 동기도 약해졌다.

국민도 마찬가지가 아닐까? 정부가 강력하다면 정부에게 기대고 싶어질 것이다. 일본에서는 공공성이 강한 기업이 방만한 경영을 하는 것을 비꼬아서 '오야카타 히노마루(親方日

の丸: 정부가 보장하는 기업)11라고 한다. 국가가 책임져주는 기업치고 제대로 된 기업이 그리 많지 않다는 것은 상식이 아니겠는가? 민영화가 된 순간 기업 성적이 양호해지는 것이 증거이다.

에도 막부 말기에서 메이지 초기까지 일본은 관(官)이 경제발전에 큰 역할을 했다. 군수공장을 비롯하여 제철소·조선소에서 관영 모범공장에 이르기까지 여러 가지 형태로 관영사업이 진행되었다. 시부사와가 관직을 사임하게 된 것도 이러한 적극성 때문에 무리한 예산편성을 하라는 압박이 너무 심했기 때문인 것은 이미 언급한 대로다.

하지만 메이지 정부는 이러한 적극성을 지탱할 수 있는 재정적 기반이 없었다. 서양의 제도와 문물을 수용하려는 각종 시도는 막대한 재정지출을 가져왔다. 게다가 봉건제를 철폐하기 위한 각종 개혁은 반발을 가져와 사무라이의 반란으로 이어져 이를 진압하기 위한 군사비도 만만치 않았다. 군사력을 강화해야 일본의 안전을 지킬 수 있다는 위기의식도 군사비 증가를 초래했다. 철두철미한 피의 숙청 대신 봉건세력과의 타협을 선택하여 급여를 제공하거나 공채를 지급한 것도 메이지 정부에게는 큰 부담이었다.

과중한 지출에 비해 수입은 그다지 늘지 않는다. 전통적인 수입인 토지세에 거의 전적으로 의존했으나[12] 이는 운영

비로 쓰기도 모자랐다. 결국 지폐를 남발하여 대처했지만 그것이 인플레를 가져와 정부수입의 실질적인 감소를 초래하여 오히려 사태를 악화시켰다. 도쿠가와 막부 시대에도 서질의 화폐를 제조하여 일시적으로 수입을 올린 일은 여러 번 있지만 그것이 결국 부메랑이 된 것처럼. 관세 자주권이 없으니 관세를 늘려 수입을 얻을 수도 없다. 외채를 모집하자는 의견도 있지만 인도나 이집트 같은 나라가 외채를 빌렸다가 갚지 못해 식민지화된 사례를 알고 있으니 그것도 내키지는 않은 선택지였다.

결국 1880년대 정부는 항복선언을 해야 했다. 초긴축 재정을 통해 빚을 청산하고 관영사업을 민간에게 헐값으로 떠넘기고 경제관련 지원을 대폭 삭감 또는 폐지하는 고육책을 써야 했다. 궁극적으로 이후 일본정부는 제도개선이나 박람회, 기술도입 등의 소극적이고 간접적인 지원 이외에 경제발전에 대한 정책은 특별한 예외를 빼고는 실시하지 않게 된다. '부국강병'에서 사실상 '부국'은 정부의 관심사에서 한 발 물러나야 했다. 청일전쟁이 끝나고 받은 막대한 배상금으로 세운 야하타제철소(八幡製鉄所)도 군사적인 목적이 우선시 되었다.

일본정부가 다시 경제에 깊이 관여하게 된 것은 1930년대 이후였다. 일본의 군부는 외부로부터의 도움 없이 전쟁을 수행할 능력을 키워야 한다는 것을 각종 전쟁을 통해 배웠고 경공업 중심의 일본경제가 그러한 목적을 수행하는 데 큰 방해가 되기 때문에 중화학공업의 육성에 목소리를 높였다. 그것이 1930년대 세계 대공황과 맞물려 군사비 확대재정으로 실현되었고 중일전쟁과 태평양전쟁으로 완성되었다. 이를 '1940년 체제'라고 한다. 전후 이 체제의 유산이 이어져 이른바 '일본주식회사'라는 국가주도의 경제발전 체제가 만들어졌던 것이다.

하지만 적어도 1920년대까지 일본 정부의 태도는 다른 서양 국가에 비해 크게 다르지 않았다고 보아야 한다. 1990년대 버블경제의 붕괴와 관료들의 부패와 무능이 폭로되면서 이러한 주장은 큰 힘을 얻었다. 사실 일본주식회사론 자체가 상당히 비판의 대상이 되었고 일본의 경제발전은 민간주도에 의해 이루어졌다는 생각이 힘을 얻게 되었다.

또 한 가지 생각해야 할 점은 경제사상의 문제다. 19세기는 자유무역이 주류적인 경제사상이었던 시대다. 산업혁명을 통해 세계 제일의 경제대국이 된 영국은 이를 바탕으로 애덤 스미스의 자유방임주의를 전면적으로 실시하면서 이를 다른 나라에 강요하기조차 한다. 독일 등 후발국들이 보호주의를 주장하기도 하지만 그것이 주류가 되기는 어려웠다. 또 보호주의라고 해도 국가가 전면 개입하는 오늘날과 같은 것은 아니었다. 이러한 점이 일본에서도 어느 정도 영향을 미쳤을 것은 명확하기에 아마도 국가의 적극적 개입은 어려웠을 것이다.

그렇다면 한국은 어땠을까? 상대적인 국력은 어찌 되었든 적어도 한국은 정부가 경제에 적극 개입할 능력과 의지를 갖고 있었다고 할 수 있다. 이것은 조금은 의외일지 모른다. 일본은 과거 세계적인 강국이었고 우리는 식민지 시대를 겪은 약소국이었다는 점을 감안하면. 식민지배에서 그것도 자력이 아닌 타국의 도움으로 독립한 한국이 어떻게 국가경제 발전에 적극 개입할 수 있었는지 의문이 느껴질 수 있다.

전화위복이라는 말이 필요할 것 같다. 한국의 불행인 남북 분단과 한국전쟁이 도리어 한국정부의 능력을 강화시켰던 것이다. 왜? 본의 아니게 한국은 북한과의 대치로 인해 냉전의 최전방국가가 되었고 한국전쟁은 그로 인한 위기의식을 드높였다. 한국에 대한 미국의 지원은 매우 특별한 것이 되었고 그것은 한국정부의 힘을 원래보다 훨씬 강하게 만들었다.

일제강점기도 마찬가지다. 일제강점기는 한국의 봉건사회를 뿌리째 흔들어놓았다. 일본이 메이지유신에 의해 많은 희생과 비용을 지불하며 근절시킨 봉건제를 한국은 일본의 힘을 빌려 해결했다. 물론 그것은 피로 물든 불행의 역사였지만 결과적으로 근대사회로의 이전을 방해하는 세력을 가장 저렴하게 제거한 셈이다. 일본 자본이 패전과 함께 남기고 간 이른바 '적산'은 한국정부로 하여금 기업창업에 있어서 큰 영향력을 미쳤던 것이다.

경제사상에서도 한국은 완전히 다른 환경에 놓여 있었다. 1980년대 신자유주의가 등장하기 전까지 세계는 국가의 역할을 강조하는 경제사상이 주류를 이루었다. 자본주의의 발달이 많은 모순을 낳고 1930년대 세계 대공황을 초래하기에 이르자 국가의 경제에 대한 역할이 크게 확대된다. 게다가 제2차 세계대전을 치르는 과정에서 통제경제는 정도의 차이는 있을지언정 각국에서 실현되었고 그 유산은 전쟁이 끝나고도 상당히 남아 있었던 것이다. 2008년경에 미국을 강타한 금융위기는 다시 한번 국가의 경제개입을 정당화하는 계기가 되었다.

한국의 경제발전을 주도한 인물 박정희의 경제사상은 이러한 환경의 산물이었다. 1917년생인 박정희는 1930년대 초반에 사범학교를 다니며 일본의 파시즘적인 사상을 받아들였을 것이다. 그가 훗날 '10월유신'을 단행하면서 '메이지유신'을 언급했지만 그가 직접적으로 영향을 받은 것은 쇼와시대였고 그것은 일본이 메이지 이래 가장 국가의 경제개입이 적극적인 시대였다. 만주군관학교와 일본육사에서도 그는 일본의 전시체제와 통제경제사상에 영향을 받았을 것이다. 박정희가 남로당에 가입한 것이 결코 우연이 아니었다. 5·16 쿠데타 직후 사회주의 색채가 짙은 정책을 내걸기도 했던 그는 그러나 미국의 압박으로 한 걸음 물러나게 되었다고 한다. 미국의 협조 없이 경제발전은 있을 수 없다는 것을 알았기 때문이다. 박정희는 여러 가지 사상의 영향을 받았지만 중요한 것은 하나같이 국가의 역할을 강조하는 사상이었다는 사실이다.

"강한 자가 살아남는 게 아니라 살아남는 자가 강한 자다." 사실 이 말은 언뜻 말장난으로 비친다. 동어반복적인, 살아남았으니 강한 것이고 강한 것이니 살아남은 것이라는 말을 조금 변형한 것이다. 하지만 살아남는 것이 최우선이라는 생각에서 하는 말이라면 무의미한 말은 아니다. 바꿔 말하면 과정이 아니라 결과가 모든 것이라는 주장이다.

일본과 한국 정부의 역할도 그런 것이 아닐까 싶다. 누가 봐도 강력한 힘을 가졌던 일본제국 정부는 능력에 비해 너무나 많은 과제를 안고 있었고 사고방식도 문제가 있어서 경제발전에 그다지 큰 역할을 하지 못했다. 하지만 한국 정부는 외부로부터의 지원과 역사적 유산을 통해 적극적인 역할을 하도록 운명지어졌던 것 같다. 선택과 집중이라는 면도 어느 정도 생각할 수 있다. 최종 승자는 역량이 아니라 그것에 집중할 수 있느냐에 달린 것이다.

정부의 역할은 민간의 역할에 영향을 주지 않을 수 없을 것이다. 시부사와 같은 민간지도자가 경제발전을 주도한 것은 일본 정부의 소극적인 경제정책의 반사작용인지는 모르지만 절대적으로 관계가 있다고 생각된다. 한국의 경우는 그 반대일 것이고.

하지만 그것이 다는 아니다. 정부가 소극적이었지만 일본은 경제발전을 이루었고 그것이 정부를 소극적인 채 있을 수 있도록 한 것은 아닐까? 1930년대 일본 중화학공업의 발전은 상당히 정부의 경제정책에 영향을 받은 것이라는 점 그리고 그 배경에는 중화학공업의 필요성이 커졌음에도 민간의 힘으로는 그것이 좀처럼 이루어지지 않았다는 현실이 있었다는 점을 생각하면 이러한 주장은 상당히 타당성을 갖게 된다. 한국의 경우도 민간이 힘을 갖게 되면서 정부의 역할은 점차 작아지는 경향을 보인다. 따라서 민간이 정부의 역할에 영향을 미친 점도 어느 정도 있다고 생각되기 때문에 이 점을 살펴보아야 할 것이다.

잠재력 폭발의 기회가 된 일본의 개항

배준호 한신대 명예교수는 「한국일보」 칼럼 「역사구락부 – 한일격차 600년사」에서 우리나라와 일본의 격차가 세종 때 이미 존재했다고 주장한다. 세종이 사람을 보내 조사한 결과 조선과 일본의 격차가 확인되었음에도 세종은 이렇다 할 조치를 취하지 않았다. 그 때문에 배 교수는 과연 세종이 민중에게 성군이었는가, 라는 의문을 제기한다.

하지만 세종이 조치를 취하지 않은 것은 조선이라는 나라의 문제이지 세종 개인의 문제는 아니었다고 생각한다. 조선은 평화 속에서 안정된 사회를 이룬 나라다. 사대주의를 통해 외침문제를 해결하고 철저한 신분제 사회와 중앙집권으로 국내 질서를 확립했기에 국력을 신장시켜야 할 어떠한 동기가 존재하지 않았다. 국력을 강화하려면 힘을 모아야 하는데 그러려면 당연히 세금을 늘려야 하고 사회를 개방적이고 자유로운 방향으로 개혁해야 한다. 그런데 그것은 자칫 체제의 안정을 위협하게 된다. 지금의 북한을 생각해보면 이해될 것이다. 그런 모험을 할 지배층은 세상 어디에도 없을 것이다. 그러기에 조선의 국력이 일본에 뒤진다고 하여도 그것을 만회할 필요성을 지배자들은 느끼지 않았던 것이다.

하지만 같은 동아시아국가라도 일본은 달랐다. 일본은 고대국가인 야마토(大和)정권이 수립되고 율령국가가 성립된 후에 분열의 길을 걸었다. 신라의 삼국통일 후 일본은 한반도 및 중국과 거리를 두게 되었고 그로 인해 외부와의 긴장감이 약화된다. 그러자 중앙정부가 힘을 잃게 되고 결국 지방 세력들이 대두되어 사분오열되었고 그것은 전국시대에 절정에 달했다. 그 후 도요토미 히데요시와 도쿠가와 이에야스에 의해 통합이 이루어지나 그래도 봉건국가라는 체제는 유지되었고 도쿠가와 막부 270년간은 300여 개의 독립국가가 병존했다.

이러한 역사는 일본 내에 끊임없는 대립과 경쟁 관계로 인한 국력 신장을 가져왔다. 각 영주들은 전국시대는 물론이고 평화 시기에도 자국의 경제 기반을 다지기 위해 노력하지 않을 수 없었고 그것이 일본 전국에 발전을 가져온다. 조선의 지방관은 임기를 마치고 돌아가는 일시적 지배자였기에 지방의 발전보다 착취에 더 열중했던 것과는 다르다.

이외에도 도쿠가와 막부 시대는 여러 가지로 발전을 가져올 여건이 존재했다. 참근교대제(參勤交代制)라는 제도에 의해 모든 영주들은 처자를 에도에 상주시키고 자신들도 일년에 절반을 에도에서 거주했는데 이것이 영주들의 수입을 상당부분 소비시킴으로써 상업의 발달을 가져왔고 아울러 도로와 통신의 발달을 가져왔다. 각 영지에서도 영주의 거주지인 성을 중심으로 도시가 만들어져 상업이 발달하게 된다. 이러한 상업은 오사카·에도·교토라는 3대 도시를 중심으로 전국적으로 번창했고 이로 인해 많은 상업자본가들이 탄생했다.

임진왜란으로 끌려간 도공들의 삶은 한국과 일본 사이에 경제 격차가 왜 발생했는지를 말해준다. 이들은 비록 포로이지만 결코 열악한 대우를 받지 않았으며 도리어 무사로 신분상승을 하는 경우도 있었고 귀환을 거부하는 도공도 있었다. 조선에서 도공은 천민으로 지배층에 의해 착취당하는 삶을 살았지만 일본에서는 이들의 능력이 높이 평가되어 훨씬 나은 삶을 살 수 있었다. 이러한 차이는 이미 설명한 것처럼 지배층이 발전이나 성장에 대한 필요를 느끼느냐에 따른 것이다. 대립과 경쟁이 없는 조선의 지배층은 도공이란 그저 필요한 물건을 만드는 존재로 여겼지만 내부의 대립이 극심한 일본에서 영주들은 도공의 기술을 살려 자신의 경제력을 높이고자 했던 것이다. 한·일의 격차는 바로 이러한 것에서 비롯되었다고 할 수 있다.

일본은 작은 유럽이었다고 할 수 있다. 유럽이 19세기 세계 최강의 지역이 된 것은 이들이 분열된 상태에서 서로 대립하고 경쟁했기 때문이다. 일본은 유럽과 비슷한 분열을 겪었고 그렇기 때문에 발전을 지향하게 된 것이다. 지배층은 심지어 착취도 쉽게 할 수 없었다. 착취가 심해져 반란이라도 일어나면 그것은 지방정권의 붕괴를 가져오거나 막부에 의해 영지를 박탈당할 우려조차 있었기 때문이다. 에도에는 각 영주들의 에도주택들이 있었는데 착취가 심한 영주에게는 여론의 비판이 쏟아졌다는 것도 착취를 자제해야 하는 이유가 되었다. 착취가 약하다는 것은 곧 민간에 부가 축적될 수 있는 기반이 되는 것이다.

개항이 곧 세계체제에 편입되는 것이고 식민지 또는 반(半)식민지로 전락한다는 공식은 일본에서는 성립되지 않았다. 일본은 개항과 함께 그동안 쌓인 잠재력이 폭발하게 된다. 견사업같이 세계시장을 누비게 되는 산업에 개항은 축복이었다. 그동안 쇄국으로 시장확대에 한계를 느꼈는데 이제 세계가 그들의 시장이 되었으니 말이다. 일시적으로 타격을 입은 분야도 잠재력을 발휘하여 선진국과의 경쟁을 통해 높은 수준의 발전을 이룬다. 면방적업이 대표적인데 수입제품으로 타격을 받던 단계에서 세계적인 수출국으로 탈바꿈하게 하게 되었다.

아울러 주목해야 할 것은 시부사와 같은 지도자들이 개항 이후 경제발전을 위해 매진한 점이다. 시부사와는 바로 그러한 지도자들 중 한 명이며 다만 그의 존재가 크게 두드러질 뿐이다. 이것은 세계적으로도 유례를 찾기 어렵다. 유럽에서도 토지귀족층이 산업화의 지도자로서의 역할을 한 예는 거의 없으며 우리나라 역시 마찬가지다. 토지라는 안정된 수입원을 가진 계층은 상공업이라는 불안정하고 번잡한 분야를 꺼리기 쉽다.

하지만 일본의 토지귀족이라 할 무사들이 토지와 분리되어버린 점[13]도 있었기 때문에 상공업발전에 깊이 관여한 것이 아닐까 싶다. 이들에겐 편하게 수입을 얻을 토지가 원래 없었고 메이지유신에 의해 그나마 형식적으로 남은 권리마저 박탈당했기에 보다 자유로운 정신을 가지고 활약한 것이다. 이들은 외압으로 인해 일본이 위기에 처했을 때 양이운동으로 나라와 민족을 지키고자 했다. 하지만 양이운동이 무의미해지자 경제를 발전시키는 것으로 그것을 대신하게 된다. 이들에게 경제는 시부사와와 같이 애국의 실현을 위한 수단이었다.

하지만 한국의 지배엘리트는 이러한 움직임을 그다지 보이지 않았다. 조선시대 500년 상공업은 가장 천시되는 분야였고 상공업을 육성해서 국부를 증진시켜야 할 어떠한 이유도 지배자들에겐 없었다. 중국은 상공업을 천시하기는 해도 억압하지는 않았지만 조선은 해외무역을 하는 상인들을 사형시켜가며 억압적인 태도를 보였다. 체제유지가 그들에겐 훨씬 더 큰 이익을 가져오기 때문이며 이는 북한이 딜레마—개방에 의한 발전과 폐쇄에 의한 체제유지—상황에서 후자를 택한 결과와 유사하다. 결과는 조선의 멸망과 식민지로 전락한 것이다.

한국이 훨씬 늦게 경제적 근대화를 이루고자 했을 때 민간주도의 경제발전을 이룰 여지는 매우 적었다. 전통적인 자본가는 몰락했고 새로운 자본가는 자신들의 세계에서 움직이는 것이 고작이었다. 전통적 엘리트라 할 이른바 양반계급은 역사의 뒤안길로 사라져 지도자로서의 역할을 할 수도 없었지만 이들이 존재했다고 해도 재계의 리더로서의 역할을 했을 가능성은 거의 없다고 봐야 할 것이다. 극히 최근까지 실업을 천시하던 풍조가 남아 있었음을 생각하면 정계나 학계가 그들이 원하는 곳이 아니었을까?

일찍 철난 일본 늦게 각성한 한국… 그 차이로 인한 차이

일찍 철이 난 아이는 알아서 모든 것을 할 것이다. 그러니 굳이 부모나 교사가 이래라 저래라 하지 않아도 되니 자율적 삶을 살 수 있다. 하지만 그렇지 못한 아이는 보다 더 많은 간섭과 지도, 심지어 체벌과 같은 강압적 수단이 동원되어야 할 것이다. 하지만 때론 그렇게 늦게 철이 난 아이가 더 큰 인물이 되는 경우는 종종 볼 수 있다.

한국인과 일본인의 태도에서도 이러한 특징을 발견하게 된다. 한국인은 평소에는 너무 태평하지만 일본인은 늘 부지런하게 준비를 하며 산다. 반대로 뭔가가 터져서 급히 해결해야 할 순간에 그들은 허둥대고 우리는 순발력 있게 해결하곤 했다. 2002년 월드컵 공동개최도 꾸준히 준비한 일본이 결국 급작스레 나선 우리에게 뒷덜미를 잡힌 것으로 그 예에 해당한다.

두 나라는 20년의 간격으로 개항을 하여 서양의 위협에 직면했지만 그 대응은 전혀 달랐다. 일본은 이미 서양세력에 대하여 상당히 파악하고 있었고 우리는 그에 비해 무지몽매한 상태에서 시작했다. 이양선이라 불리는 서양 배가 출현했을 때 그들은 공부를 했고 우리는 문을 걸어 잠갔다. 이러한 태도가 근대사의 명암을 갈랐다. 뒤늦게 커다란 위기를 느꼈을 때 이미 게임은 끝나버린 상태였다.

하지만 시간이 지나 양상은 바뀌게 된다. 식민지와 한국전쟁 그리고 남북분단을 거치며 한국인은 조금씩 철이 나기 시작했다. 가진 것은 없지만 뭔가 해야 한다는 위기의식이 커져간 것이다. 박정희라는 지도자는 그런 상황에서 성공한 지도자라 할 수 있다. 쌓아둔 게 많아 자만심에 빠져 정체되어버린 듯한 모습을 보이는 일본과 대조적이라고 하겠다.

일본은 왜 일찍 철이 났고 우리는 그렇지 못했을까? 우리는 대륙과의 끊임없는 긴장관계로 인해 통일국가를 일찍 이루었고 체제안정을 강화하고 사대주의로 외환(外患)의 요소를 제거함으로써 안정적인 사회를 오랫동안 유지하는 데 성공했다. 부잣집 도련님이 되어버려 철이 들기 어려웠던 것이다. 하지만 일본은 외부적인 위기가 없어 통합을 이루지 못하고 자기들끼리 머리 터지게 싸워왔고 그로 인해 위기의식을 늘 품고 살아왔다. 산전수전 다 겪어 조숙한 아이가 되어버린 것이다. 지금은 반대다. 부잣집 도련님은 집안이 몰락해 철이 들었지만 자수성가해서 안정을 가진 조숙아는 문제대처 능력이 떨어진 상태에 놓여 있다. 평시에는 저력 있는 일본이 유능하지만, 위기가 되면 한국이 한발 앞서가는 것은 이러한 이유 때문일 것이다.

적어도 근대를 맞이하는 시기에 일본은 철이 든 아이고 우리는 철없는 탕자였다고 할 수 있다. 철든 일본은 알아서 성장했고 우리는 생고생을 거쳐 무서운 지도자 밑에서 철이 들기까지 기다려야 했다. 그것은 우리나 일본의 민족적 우열의 문제가 아니고 역사적 흐름과 축적의 차이일 것이다. 누가 좋아서 고난을 받아들이겠는가? 부잣집 도련님이 되어 호의호식하는 것을 마다할 사람이 얼마나 있겠는가?

근대라는 시대에 모든 것을 맞추면 한국이 열등하다고 평가될지 모르지만 오늘날 일본과의 격차가 사라지고 있음을 생각하면 역사의 축적이 시대와 결합하여 만든 일시적 결과라고 봐야 할 것이다. 그 누가 미래에 맞춰 역사를 만들어갈 것인가? 지중해가 유럽세계의 중심일 때 영국은 후진국이었지만 대서양시대가 열리면서 세계 최강의 길을 걸었다. 하지만 그것은 그들이 의도한 것도 준비한 것도 아니었다. 새로운 시대가 그들을 그렇게 이끈 것뿐이다. 100년 후에 우리는 일본이 왜 뒤떨어진 나라가 되었는가를 분석하거나 미국이 몰락했는지를 공부하고 있을지 모른다. 그것이 역사가 흥미로우면서도 무서운 점인 것이다.

한국에 시부사와가 나타나지 않았던 것은 역사의 산물이라 해야 할 것이다. 분열의 역사로 대립과 경쟁 속에서 부국강병을 추구해온 일본에서 시부사와 같은 인물이 배출되어 일본경제의 발전을 민간주도로 이끌었다. 그에 비하면 한국에는 통합과 평화 안정이 이어졌기 때문에 발전이니 성장이니 부국강병과는 거리가 먼 역사를 가지게 되었으니 시부사와 같은 인물이 나오기는 어려웠을 것이라고 생각하는 편이 역사에 대한 정직한 태도가 아닐까 싶다.

맺음말

21세기 '대한민국의 길' 시부사와에게 묻다

역사에서 제대로 된 의미를 찾기 어려운 이유는 무지하기 때문이다. 이보다 더 심각한 문제는 오늘을 제대로 이해하지 못하는 것이다. 역사에 대한 어설픈 지식 그리고 자신의 시대에 대한 몰이해 그것이 결합할 때 역사는 우리에게 그저 과거의 흘러간 이야기에 불과하다. 그러한 과오는 오늘날 우리에게도 빈번히 일어나고 있다.

나의 시부사와에 대한 이해 역시 지극히 피상적이었음을 고백하지 않을 수 없다. 500여 개의 기업을 창업한 일본 근대기업의 아버지, 그것이 시부사와에 대한 지식의 전부였다. 석·박사 논문에서 그러한 시부사와의 업적을 다루면서도 그가 왜 어떻게 그러한 업적을 남기게 되었는가를 생각해본 적이 없다. 물론 일반론적인 이해는 있었다. 당시 사족들을 중심으로 한 기업창업 활동가(기업프로모터)들이 자신들의 사회적 신뢰를 바탕으로 서양의 압박으로 위기에 빠진 일본을 구하기 위해 활동했고 시부사와는 그런 사람들 중 하나였다.

하지만 시부사와의 지적인 교제를 통해 그가 진정 원하던 것이 무엇인지 조금씩 깨닫게 되었다. 정력적으로 창업에 나서고 많은 중역으로서 경영에 적극 참여하여 기업을 성장시켰지만 그것이 시부사와의 궁극적인 삶의 목적은 아니었다. 하물며 경제적인 수입이나 명예를 추구한 인물은 더더욱 아니었다.

일본이 '잃어버린 20년'을 겪게 된 원인이 과연 무엇일까? 직접적으로는 버블경제의 발생과 그것을 처리하는 과정에서 생긴 정책적 잘못이다. 너무 급격히 금리를 올려 경제의 연착륙에 실패했다든지 좀 더 과감히 부실채권을 정리해버렸다면……. 실제로 미국에서는 2000년대 후반의 경제위기를 그렇게 해서 극복했다. 하지만 일본 정부와 자민당은 그렇게 하지 못했다.

가장 중요한 원인은 경제에 대한 바른 마음과 태도를 가지지 못했다는 사실이 아닐까. 버블 시기를 몸소 겪은 나로서는 당시에 일본이 얼마나 광란적 상태에 있었는지 생생히

기억하고 있다. 매스컴·학자 그리고 정부 관리와 정치가들은 한결같이 외쳤다. "이것은 일본이 그동안 쌓아온 결과다. 따라서 우리는 이 번영을 그저 누리기만 하면 된다"고. 토지가격·주가가 비정상적으로 올라가도 그에 대한 문제점을 지적하는 사람을 보기 어려웠고 투기를 부추기고 비정상을 정상으로 여기는 언설이 난무했다.

역사의 교훈 따위는 망각의 건너편으로 흘려보냈다. 1910년대 일본경제는 당시로서는 최고의 번영을 누렸다. 제1차 세계대전이 가져다준 경제의 확장은 또 하나의 광란의 시대를 가져왔다. 주가는 오르고 투자는 과열되었으며 벼락부자들이 급증했다.

하지만 그 후 일본은 또다시 '잃어버린 20년'을 경험해야 했다. 제1차 세계대전이 끝나고 그동안 '호랑이가 없던 숲에서 왕 노릇'하던 일본경제는 급속하게 침체의 늪에 빠진다. 수입은 늘고 중국 등 아시아 시장에서 다시 밀려났으며 국내 시장의 호황은 식어버려 많은 기업이 도산하는 일이 장기간에 걸쳐 일어났다. 특히 2000년대 중반 일본을 강타한 금융공황으로 인한 금융기관의 줄도산은 경제의 젖줄인 금융을 마비시켜 전 산업에 큰 타격을 가한다. 2008년 미국발 금융위기의 일본판이며 현대 일본의 '잃어버린 20년'의 과거 버전이라 할 것이다.

시부사와의 도덕경제론은 이러한 사태들에 대하여 훌륭한 처방이 될 수 있다고 생각한다. 과거에 되풀이 되었던 잘못이 오늘날에도 재현하는 근본적인 이유는 경제에 대한 도덕적인 원칙이 없고 도덕과 경제를 분리해서 생각하기 때문이라고 보인다. 시부사와는 도덕 없는 경제의 위험성을 수없이 경고하고 있다.

> 사회가 돌아가는 형세를 모르고… 내 이익만 챙기면 결국 모두 불행을 겪고 말 것이다.
>
> 부귀는 사람들이 바라는 것이지만 정당한 방법으로 얻는 것이 아니라면 그것을 누려서는 안 된다.
>
> 나라에 도가 행해지는데 가난하고 천하게 산다면 부끄러운 일이며, 나라에 도가 행해지지 않는데 부귀를 누린다면 이 또한 부끄러운 일이다.

시부사와는 결코 관념론적으로, 도덕지상주의로 경제를 논하지는 않았다. 그는 이익을 추구하는 것을 비난하기는커녕 선한 것이며 사회를 위해 필요한 것이라고 하며 이를 무시한 주자를 비롯한 유교사상가들을 맹렬히 비난했다.

송나라 대유학자 주희는 『맹자』「서문」에서 "계산을 하고 수를 세는 것, 공업을 세워 이득을 얻는 것이 모두 인간의 사사로운 욕심이며 성현이 갖추어야 할 품위와는 천지 차이와 같다"고 말하며 이것을 다른 의미로 말하자면 인의 도덕은 신선들이나 지켜야 하는 것이고 상공업자들은 인의 도덕을 외면해도 상관없다는 식으로 해석할 수 있다. 그러나 이것은 공자나 맹자의 가르침이 아니다. 어리석은 유학자들에 의해 왜곡된 학설에 지나지 않는다.

주자의 가르침이 공맹과 거리가 있음을 지적하는 주장은 우리나라에서도 제기되었지만 학자도 아닌 시부사와가 비슷한 주장을 하는 것은 놀라운 일이다. 『논어』를 평생 자신의 좌우명으로 삼고 살았던[14] 그가 주자학의 문제점을 꿰뚫었다는 것인데 그가 『논어』와 공맹의 가르침을 얼마나 깊이 이해했는지 그에 따라 자신의 삶을 충실히 살아갔는지를 보여주는 말이라 하겠다. 모든 종교나 철학이 후세에 와서 왜곡되기 쉬운데 유교 역시 본질을 흐리는 왜곡으로 인해 비현실적인 사상으로 변질되었음을 잘 말해준다.

시부사와는 어떻게 해서 도덕과 경제의 일치를 이룰 수 있었을까? 그것은 그가 상인과 농민 그리고 무사의 소양을 갖추었기 때문이 아닐까 싶다. 그는 『논어』를 그리고 『사서오경』을 배웠지만 가업에 종사함을 통해 결코 관념의 세계에 머물지 않게 되었을 것이다. 반면 일반적인 상인처럼 현실의 세계에 몰두한 나머지 도덕과 이념을 외면하며 살아오

지도 않았다. 조선의 유학자들이 경제를 천시하고 관념에 매달릴 때 그는 『논어』가 경제를 제어하는 가르침으로 이해하고 실천함으로써 도덕과 경제의 일치를 이루는 데 성공할 수 있었다. 1910년대 그리고 1980년대, 2000년대 각각 일어난 엄청난 혼란과 고통을 강요한 '잃어버린 시간'들, 그것에 대하여 시부사와는 이렇게 외칠 것 같다.

당신들은 왜 경제를 그저 이익을 극대화시키는 것만으로 생각했습니까? 물론 이익은 중요합니다. 하지만 올바르게 이익을 추구하지 않는 것이 얼마나 무서운 결과를 가져올지 똑똑히 보았는데 왜 같은 잘못을 되풀이하는 겁니까? 그것은 역사의 교훈을 망각하고, 당신들이 도덕과 경제를 분리했기 때문입니다. 수단과 방법을 가리지 않고 이익을 취하기만 하면 된다는 생각이 당신들의 이성을 마비시켜 파멸의 길로 달리게 한 것입니다.

경제가 무엇입니까? 이익을 얻는 것입니까? 그것은 수단에 불과합니다. 그렇다면 경제는 무엇을 위한 것입니까? 모두가 행복하고 바르게 살기 위한 것이 아닙니까? 그런데 왜 목적을 잊고 수단에 매여 결국 경제가 사람들을 커다란 불행으로 몰아넣게 한 것입니까? 그것은 당신들에게 올바른 가르침 · 사상이 없고 지식과 기술만이 남아 있기 때문입니다. 정신이 올바르지 못하면 지식과 기술이 아무리 많다 해도 언젠가는 비극적인 종말을 맞을 수 있습니다.

시부사와는 일생을 『논어』를 기준으로 올바른 길을 추구했고 그것은 커다란 성공이라는 선물을 안겨주었다. 나라를 구하겠다는 마음으로 양이(攘夷)를 하려 했고 경제를 일으켜 세우고자 했다. '성공은 찌꺼기'라고 하며 일신의 성공을 가벼이 여기고 공익을 최우선으로 하며 살아갔건만, 그는 그 누구보다 큰 성공적인 삶을 살았다는 것은 현실에서 도덕과 경제의 일치가 충분히 가능한 것임을 보여주는 생생한 증거라 할 수 있다.

오늘날 한국사회가 어려움을 겪고 있는 것은 함께 살아가는 정신을 망각하고 각자의 이익에만 몰두하고 있기 때문이 아닐까. 애덤 스미스는 각자가 이익을 추구하는 과정에서 자연스럽게 사회가 발달하여 간다는 이른바 '보이지 않는 손' 이론을 주장했다. 하지만 모두가 추구하는 길의 방향이 엇갈려 사회가 혼란에 빠지게 될 때도 이러한 이론을 맹목적으로 따른다면 비극이 발생한다는 것 또한 우리는 명심해야 할 것이다. 우리 사회는 바야흐로 그렇게 되어 사분오열 속에 이른바 '헬조선'을 탄생시킨 것은 아닐까?

오늘날 우리에게 필요한 지도자는 이익과 도덕을 조화롭

게 하여 공생을 설득하고 이끌 인물이다. 과거 조선시대의 지도자처럼 이익을 경시하고 관념적인 도덕을 일방적으로 강요하는 지도자도, 경제에 올인하여 맹렬히 치닫도록 하는 지도자도 아니다.

새로운 지도자는 반드시 정치적인 존재가 아니어도 된다. 아니 오히려 아닌 편이 나을 수도 있다. 우리는 사회적으로 존경받던 지도적 위치의 인물들이 정치에 입문하고 나서 긍정적인 영향력을 상실해가는 모습을 얼마나 많이 보아왔는가? 반대로 정치와 거리를 두었기에 더욱 큰 존재가 된 지도자들도 있다. 전직 대통령으로 더욱 빛나는 인물 지미 카터! 그에게 전직 대통령이라는 간판은 활동의 기반이 되어줄지언정 방해 요소는 아니었다. 시부사와도 관리로서의 경력이 든든한 활동기반이 되어 전국적 인물로 만들어주었다. 우리나라에도 정치적 경력을 기반으로 사회적인 지도자로서의 역할을 하려는 인물들이 나타나고 있는데 그러한 정신적 지도자들이 더 많이 나오기를 기대한다.

또한 새로운 지도자는 인내와 끈기로 조화로운 사회를 만들어낼 수 있어야 한다. 남북전쟁으로 분열 위기에 놓인 미국을 하나로 통합한 링컨 대통령은 자신의 신념과 현실 사이에서 끊임없이 대화와 타협을 통해 그 뜻을 이룬 지도자의 모델이라 하겠다. 흑인 인권 운동가 마틴 루터 킹 목사 역시 '나에겐 꿈이 있습니다'라는 연설에서 보여준 통합의 정신을 실천함으로써 백인과 흑인 모두에게 존경받는 지도자가 되었고 21세기에 흑인 대통령의 탄생이라는 역사적 사건의 기반을 만들었던 것이다. 정치가든 아니든 기본적으로 지향해야 할 지도자로서의 길은 다르지 않음을 두 사람은 보여준 셈이다. 이들은 이상이나 신념에만 집착하거나 현실적 타협에만 급급하여 실패한 경우와 비교할 때 인내와 끈기로 이상과 현실 사이의 균형을 끊임없이 추구함으로써 성공한 지도자가 된 것이다.

시부사와는 그런 의미에서 우리 사회가 필요로 하는 지도자로서의 모범을 보여준 또 하나의 인물이었다. 그는 권력이 없는 민간에서 재계와 사회 국가의 지도자로서 자신의 역할을 충실히 수행했다. 그것은 대화와 설득 그리고 솔선수범에 의한 깊은 신뢰를 통해 이루어졌다. 그는 『논어』를 통해 끊임없이 자신을 세웠지만 결코 관념에 사로잡혀 현실에 대한 그릇된 시각을 갖지 않고 끊임없이 새로운 길을 개척하며 쌓았기에 큰 성공을 거둔 지도자였다. 이념과 현실, 도덕과 경제, 원칙과 포용을 조화롭게 실천한 시부사와의 리더십이야말로 억압에 의한 외형적인 것이 아닌 진정한 통합에 의한 협력과 공생의 사회를 만들어야 하는 우리가 추구해야 할 지도자의 모습이 아닐까 싶다.

주

1) 이들 수상은 모두 일본의 우경화를 이끌었다. 나카소네 야스히로(1882~1987), 고이즈미 준이치로(2001~2006), 아베 신조(2006~2007, 2012~현재) 각각 수상으로 재직.

2) 서기가 채용되기 전 주로 동양에서 사용된 연도를 연호라고 하는데, 일본의 경우 중국의 연호를 쓰던 우리와 달리 독자적인 연호를 사용해왔다. 1868년 메이지(明治) 천황이 즉위하며 한 명의 천황이 하나의 연호를 쓰게 되었는데 이후 다이쇼(大正 1912~1926), 쇼와(昭和 1926~1989), 헤세이(平成 1989~2019)를 연호로 썼다. 2019년 5월에 즉위한 현재의 나루히토(成仁) 천황의 연호는 레이와(令和)다. 따라서 올해는 4월까지는 헤세이, 5월부터는 레이와 원년(元年) 또는 1년이 된다.

3) 후쿠자와 유키치(福沢諭吉, 1835~1901)는 일본근대사를 대표하는 개화 계몽운동가다. 일본 명문 사립대인 게이오대학교(慶應大學校)를 세워 청년들에게 서양문물을 전수하여 인재로 양성했고 『서양사정(西洋事情)』(1866), 『학문에의 권유』(1872), 『문명론의 개략』(1875), 『후쿠자와 유키치 자전(福翁自傳)』 등 4대 명저를 비롯한 많은 저서를 냈다. 「지지신보(時事新報)」(1882)를 창간하여 언론활동에도 힘썼다. 한때 김옥균 등 개화 사상가들의 멘토가 되어 조선의 문명개화 운동을 도왔으나 1884년 갑신정변이 실패하자 크게 실망하여 1885년 탈아입구론(脫亞入歐論: 아시아와 결별하고 서양과 함께 아시아를 침략하자는 주장)을 발표하여 일본의 아시아 침략의 사상적 지주로 평가받게 되었다.

하지만 근본적으로는 자유주의 사상가로 개인의 자립을 크게 강조했고 신분제 등 구습을 타파하고 막부 철폐를 주장한 진보적 계몽운동가였기에 침략적인 주장 하나로 그를 매도하기에는 너무나 큰 발자취를 남긴 인물이다. 시부사와 에이이치와는 라이벌이자 좋은 벗이었다. 시부사와가 실업계에서 가시적 업적을 남긴 데 비해 후쿠자와는 저술과 언론활동을 통해 보이지 않게 일본의 근대를 이끄는 업적을 남겼다는 점에서 대조적이다. 공교롭게도 현재 일본 1만 엔 지폐의 표지 인물로 시부사와에게 그 자리를 물려주게 된 것은 경제침체에서 벗어나고자 하는 일본의 시대 분위기를 반영한다 하겠다.

4) 히토쓰바시 요시노부(1837~1913)는 도쿠가와 가문의 방계출신으로 도쿠가와 요시노부로 개명하여 1867년 마지막 쇼군이 되어 막부의 멸망을 지켜본 비운의 인물이다. 도쿠가와 막부의 본거지인 에도성을 싸워보지도 않고 내줌으로써 막부 멸망을 이끌었다는 점에서 비난받지만, 그것으로 일본이 피의 내전을 피하게 되었다는 점에서 긍정적인 평가를 받기도 했다. 시부사와 에이이치를 발탁하여 중용하고 파리사절단으로 파견하여 서양문물을 직접 배우게 했다는 점에서 시부사와에게는 절대적인 존재였다.

5) 미토번(水戸藩)은 히토쓰바시 요시노부의 본가인 도쿠가와가의 방계 집안이다. 그런데 미토번이 히토쓰바시가의 양자가 되고 도쿠가와 본가의 당주가 되어 쇼군이 되었다. 그 바람에 그의 동생 아키다케가 후계자로 내정되어 있었는데, 당주가 사망하여 급히 미토번의 당주를 상속하게 되었다.

6) 태정관찰(太政官札)은 메이지 정부가 부족한 재정을 메우기 위해 발행한 불환지폐다. 지폐란 원래 금이나 은과 같은 귀금속에 의해 신용이 보증되어야 가치를 유지할 수 있었는데(금 · 은본위제), 그러한 뒷받침이 없으니 그 가치는 액면가보다 상당히 낮을 수밖에 없고 이는 격렬한 인플레이션을 가져왔다. 대원군의 당백전을 생각하면 이해가 될 것이다.

7) 미쓰이(三井)가문은 일본을 대표하던 미쓰이 재벌의 원조가 되는 상인가문이다. 17세기 초 에도에서 시작한 기모노상점이 현금거래·바겐세일·진열식 판매 등 당시로써는 획기적인 사업방식을 통해 크게 성공하여 거상으로 발돋움했다. 이후 소유와 경영의 분리를 통해 가업을 확대시켰다. 메이지 정부의 부국강병책에 편승하여 근대적 재벌로 성장하여 제2차 세계대전이 끝날 무렵에는 일본의 경제를 좌우할 거대재벌로 성장했으나 연합군의 재벌해체 정책으로 역사의 무대에서 사라졌다.

오늘날에도 미쓰이의 이름을 가진 기업들이 미쓰이 기업집단을 형성하여 미쓰이 재벌의 전통을 계승하고 있지만 이들은 미쓰이 가족과는 아무런 관계없는 수평적 계열일 뿐이라는 점에서 미쓰이 재벌과는 다르다. 일본에는 과거 재벌에 속했던 기업들이 수평적 계열을 만들어 협력하는 기업집단이 존재하고 이를 본딴 비재벌계 기업집단이 무수히 존재한다. 이들의 중심적인 존재가 이른바 메인뱅크인데 메인뱅크는 자금 지원을 무기로 기업집단의 리더로서의 역할을 수행하게 되었다. 기업집단은 주식의 상호보유, 신사업 공동투자 등으로 일본의 고도성장을 이끌었다는 평가와 함께 폐쇄적인 거래로 내외의 비판을 받아 평가가 엇갈리는 존재다.

8) 일본의 근대재벌은 전통상업자본형과 신흥자본형이 있다. 미쓰이가 전자의 대표라면 미쓰비시(三菱)는 후자의 대표다. 미쓰비시 재벌을 세운 이와사키 야타로(岩崎彌太郎, 1835~1885)는 일개 번국의 하급무사로서 메이지 정부의 식산흥업정책에 편승하여 해운업으로 부호가 되었고 이후 관영 나가사키조선소를 불하받아 조선업에 진출하는 등으로 미쓰비시 재벌의 기초를 닦았다. 미쓰비시 같은 신흥자본형재벌은 재벌가족이 경영일선에 참여하는 경우가 많아 경영과 소유의 일치를 특징으로 한다. 아마 창업자와 그의 직계자손이 생존해 있기에 경영에 대한 의욕이 강했을 것이다. 이에 비해 전통형재벌은 창업자 세대로부터 멀어졌기에 소유와 경영의 분리가 자연스럽게 이루어진 것이라 하겠다.

9) 고다이 도모아쓰(1835~1885)는 주로 오사카 고베 등 관서지역에서 활약한 기업프로모터로서 '서부의 시부사와'라 불렸다. 시부사와와는 라이벌이라 할 수 있다. 시부사와가 많은 기업을 일으키면서도 재벌이 되지 않았던 것, '기업활동=애국'이라는 신념을 가졌던 점 등에서 고다이와 닮은 꼴이었다. 하지만 시부사와가 공익과 사익을 조화롭게 추구한 데 비하여 정통무사 출신인 고다이가 상대적으로 사익에 대하여 무관심하여 만년에는 경제적으로 빈곤하게 되었다는 점에서 두 사람의 삶은 매우 대조적이다. 시부사와가 일본 자본주의의 아버지가 된 것은 그가 상인의 아들로 뛰어난 현실 감각을 지니고 사업가로서도 커다란 성공을 거둔 데 있었던 것이다.

10) 당시 미국에는 배일(排日)만이 아니라 반(反)아시아 정서가 높아갔다. 아시아계 이민자는 자신들만의 커뮤니티를 만들어 고유의 문화를 지키고 유럽이나 중남미 이민들보다 근면 검소하여 부의 축적과 교육을 통해 사회적 신분상승을 이루는 경우가 많아 유대인과 더불어 적대감의 대상이 되기 쉬웠다. 이러한 풍토는 1991년 LA 흑인폭동이 엉뚱하게도 한인에게 향한 것처럼 오늘날까지도 남아 있다.

11) 오야카타란 우두머리를 말한다. 히노마루는 일본국가를 상징한다. 즉 정부가 우두머리라는 뜻으로 정부의 보호 아래 있어 망할 수가 없기에 자립할 의욕도 능력도 없다는 뜻이다.

12) 근대 조세제도가 일본에 도입되는 것은 1880년대 후반으로 1870년대에

는 소득세·법인세·소비세도 없던 시대였기에 봉건시대의 유산인 지조에 의존하지 않을 수 없었다.

13) 서양의 봉건제도에서는 국왕으로부터 말단 기사에 이르기까지 자신의 근거지를 토지에 두고 있었으나 일본의 경우는 전국시대를 거치면서 사무라이들이 토지에서 유리되어 주군의 성 부근에 집결하여 거주했기에 토지와 분리된 일종의 샐러리맨 무사가 되고 말았다. 반면 우리나라나 중국은 토지소유에 기초한 관료와 지주로 양분화되어 있었지만 토지와 유리되지는 않았다.

14) 일본에서는 『논어』가 근세부터 오늘에 이르기까지 정신적 지주로 사용되었다. 성리학에서 『논어』는 그다지 중요한 텍스트가 아니었으나 일본에서는 최고의 가치를 가졌다. 오늘날에도 『논어』는 동양고전에서 최고의 베스트셀러일 정도로 일본인의 사랑을 받고 있다. 시부사와가 『논어』를 좌우명으로 삼은 것은 개인적인 선택이라기보다 아마 일본 전통의 영향을 받았기 때문일 것이다. 그는 학자들에게도 뒤지지 않기 위해 『논어』를 늘 가지고 다니며 읽고 쓰며 저술까지 했다.

참고문헌

시부사와 에이이치, 노민수 옮김, 『'논어'와 주판: 일본을 경제 대국으로 굴기시킨 불멸의 상경』, 페이퍼로드, 2012.7.

시부사와 에이이치, 박훈 옮김, 『일본의 설계자 시부사와 에이이치: 망국의 신하에서 일본 경제의 전설이 되기까지』, 21세기북스, 2018.

시부사와 에이이치, 안수경 옮김, 『한 손에는 '논어'를 한 손에는 주판을』, 사과나무, 2009.

宮本又郎, 『日本の企業家 1 渋沢栄一 日本近代の扉を開いた財界リーダー』, (PHP経営叢書), 2016.

島田昌和, 『渋沢栄一 社会企業家の先駆者』, 岩波新書, 岩波書店, 2011.

山本七平, 『渋沢栄一 近代の創造 (NON SELECT)』, 祥伝社, 2009.

山本七平, 『渋沢栄一 日本の経営哲学を確立した男』, さくら舎, 2018.

渋澤健, 『渋沢栄一, 100の訓言』, 日経 ビジネス人文庫, 日本経済新社,

2010.

渋沢雅英, 『太平洋に架ける橋: 渋沢栄一の生涯』, 読売新聞社, 1970.

斎藤孝, 『渋沢栄一とフランクリン(二人の偉人に学ぶビジネスと人生の成功法則)』, 致知出版社, 2016.

津本陽, 『小説 渋沢栄一』 上 · 下, 幻冬舎文庫 つ2-12, 幻冬社, 2007.

*시부사와의 자료는 다음에 대부분 소개되어 있다.

渋沢青淵記念財団竜門社編(土屋喬雄 主任), 『渋沢栄一伝記資料』, 渋沢栄一伝記資料刊行会刊, 本編 全58巻, 別巻 全10巻.

*시부사와 에이이치 기념재단에는 많은 자료가 수록되어 있다.

https://www.shibusawa.or.jp/eiichi/biography.html

연보

1840년 2월 13일 시부사와 탄생.

1858년 지요와 결혼(18세).

1863년 다카사키성 탈취 및 요코하마 외국인 마을 공격 계획.

1864년 히토쓰바시가문의 가신이 되다.

1867년 파리만국박람회 및 유럽순방과 다케아키 프랑스 유학의 수행.

1869년 시즈오카 상법회소를 설립, 10월에 대장성 조세국장 취임.

1871년 아버지 요시마사 사망. 『입회약칙(立會略則)』 저술.

1872년 도쿄회의소(현 일본상공회의소의 전신) 및 양육원을 설립.

1873년 대장성을 사직, 제일국립은행 설립총회. 쇼지회사 설립.

1875년 도쿄철도주식회사 설립, 상법강습소 설립. 제일국립은행 행장 취임.

1876년 택선회(択善会) 조직.

1877년 제일국립은행 부산지점 개설, 도쿄상법회의소 설립.

1878년 은행설립과 경영에 대한 안내서 『중외은행설(中外銀行說)』 편찬.

1882년 아내 지요 41세로 사망. '오사카방적' '공동운수' 설립.

1887년 도쿄어음교환소 설립.

1885년 용문사(竜門社) 발족.

1888년 도쿄여자학관 설립.

1889년 홋카이도탄광철도주식회사 설립.

1890년 귀족원 의원에 칙선됨.

1891년 도쿄상업회의소 설립인가, 회장 취임(7월), 귀족원 의원 사임.

1895년 아오키상회를 지원.

1901년 게이카(京華)상업학교, 일본여자대학 개교.

1902년 일본흥업은행 설립, 구미여행.

1908~9년 신유(申酉)사건 일어남.

1909년 제일국립은행을 제외하고 다수의 사업에서 은퇴. 배일문제 해결을 위해 실업단을 이끌고 도미.

1912년 쑨원(孫文)의 방문을 받아 경제협력추진. 합자회사 중국흥업을 설립.

1913년 일본실업협회 창립, 회장에 취임.

1916년 실업계의 일선에서 완전히 은퇴. 『'논어'와 주판』 간행.

1920년 '일미유지협의회'개최, 배일문제를 미국민간대표와 토의. 6월 일화(日華)실업협회조직, 회장에 취임(80세). 자작(子爵) 작위 받음.

1921년 배일문제를 위한 국민외교차 도미, 워싱턴 군축회의 참관, 미국순방(81세).

1931년 4월 니혼여자대학교 교장에 취임. 8월 중화민국 수재동정회 발족하여 회장 취임, 중국에 대한 지원을 라디오로 호소. 11월 11일 영면(91세).

프랑스엔 〈크세주〉, 일본엔 〈이와나미 문고〉, 한국에는 〈살림지식총서〉가 있습니다.

001 미국의 좌파와 우파 | 이주영
002 미국의 정체성 | 김형인
003 마이너리티 역사 | 손영호
004 두 얼굴을 가진 하나님 | 김형인
005 MD | 정욱식
006 반미 | 김진웅
007 영화로 보는 미국 | 김성곤
008 미국 뒤집어보기 | 장석정
009 미국 문화지도 | 장석정
010 미국 메모랜덤 | 최성일
011 위대한 어머니 여신 | 장영란
012 변신이야기 | 김선자
013 인도신화의 계보 | 류경희
014 축제인류학 | 류정아
015 오리엔탈리즘의 역사 | 정진농
016 이슬람 문화 | 이희수
017 살롱문화 | 서정복
018 추리소설의 세계 | 정규웅
019 애니메이션의 장르와 역사 | 이용배
020 문신의 역사 | 조현설
021 색채의 상징, 색채의 심리 | 박영수
022 인체의 신비 | 이성주
023 생물학무기 | 배우철
024 이 땅에서 우리말로 철학하기 | 이기상
025 중세는 정말 암흑기였나 | 이경재
026 미셸 푸코 | 양운덕
027 포스트모더니즘에 대한 성찰 | 신승환
028 조폭의 계보 | 방성수
029 성스러움과 폭력 | 류성민
030 성상 파괴주의와 성상 옹호주의 | 진형준
031 UFO학 | 성시정
032 최면의 세계 | 설기문
033 천문학 탐구자들 | 이면우
034 블랙홀 | 이충환
035 법의학의 세계 | 이윤성
036 양자 컴퓨터 | 이순칠
037 마피아의 계보 | 안혁
038 헬레니즘 | 윤진
039 유대인 | 정성호
040 M. 엘리아데 | 정진홍
041 한국교회의 역사 | 서정민
042 야웨와 바알 | 김남일
043 캐리커처의 역사 | 박창석
044 한국 액션영화 | 오승욱
045 한국 문예영화 이야기 | 김남석
046 포켓몬 마스터 되기 | 김윤아
047 판타지 | 송태현
048 르 몽드 | 최연구
049 그리스 사유의 기원 | 김재홍
050 영혼론 입문 | 이정우
051 알베르 카뮈 | 유기환
052 프란츠 카프카 | 편영수
053 버지니아 울프 | 김희정
054 재즈 | 최규용
055 뉴에이지 음악 | 양한수
056 중국의 고구려사 왜곡 | 최광식
057 중국의 정체성 | 강준영
058 중국의 문화 코드 | 강진석
059 중국사상의 뿌리 | 장현근
060 화교 | 정성호
061 중국인의 금기 | 장범성
062 무협 | 문현선
063 중국영화 이야기 | 임대근
064 경극 | 송철규
065 중국적 사유의 원형 | 박정근
066 수도원의 역사 | 최형걸
067 현대 신학 이야기 | 박만
068 요가 | 류경희
069 성공학의 역사 | 정해윤
070 진정한 프로는 변화가 즐겁다 | 김학선
071 외국인 직접투자 | 송의달
072 지식의 성장 | 이한구
073 사랑의 철학 | 이정은
074 유교문화와 여성 | 김미영
075 매체 정보란 무엇인가 | 구연상
076 피에르 부르디외와 한국사회 | 홍성민
077 21세기 한국의 문화혁명 | 이정덕
078 사건으로 보는 한국의 정치변동 | 양길현
079 미국을 만든 사상들 | 정경희
080 한반도 시나리오 | 정욱식
081 미국인의 발견 | 우수근
082 미국의 거장들 | 김홍국
083 법으로 보는 미국 | 채동배
084 미국 여성사 | 이창신
085 책과 세계 | 강유원
086 유럽왕실의 탄생 | 김현수
087 박물관의 탄생 | 전진성
088 절대왕정의 탄생 | 임승휘
089 커피 이야기 | 김성윤
090 축구의 문화사 | 이은호
091 세기의 사랑 이야기 | 안재필
092 반연극의 계보와 미학 | 임준서

093 한국의 연출가들 | 김남석
094 동아시아의 공연예술 | 서연호
095 사이코드라마 | 김정일
096 철학으로 보는 문화 | 신응철
097 장 폴 사르트르 | 변광배
098 프랑스 문화와 상상력 | 박기현
099 아브라함의 종교 | 공일주
100 여행 이야기 | 이진홍
101 아테네 | 장영란
102 로마 | 한형곤
103 이스탄불 | 이희수
104 예루살렘 | 최창모
105 상트 페테르부르크 | 방일권
106 하이델베르크 | 곽병휴
107 파리 | 김복래
108 바르샤바 | 최건영
109 부에노스아이레스 | 고부안
110 멕시코 시티 | 정혜주
111 나이로비 | 양철준
112 고대 올림픽의 세계 | 김복희
113 종교와 스포츠 | 이창익
114 그리스 미술 이야기 | 노성두
115 그리스 문명 | 최혜영
116 그리스와 로마 | 김덕수
117 알렉산드로스 | 조현미
118 고대 그리스의 시인들 | 김헌
119 올림픽의 숨은 이야기 | 장원재
120 장르 만화의 세계 | 박인하
121 성공의 길은 내 안에 있다 | 이숙영
122 모든 것을 고객중심으로 바꿔라 | 안상헌
123 중세와 토마스 아퀴나스 | 박경숙
124 우주 개발의 숨은 이야기 | 정홍철
125 나노 | 이영희
126 초끈이론 | 박재모·현승준
127 안토니 가우디 | 손세관
128 프랭크 로이드 라이트 | 서수경
129 프랭크 게리 | 이일형
130 리차드 마이어 | 이성훈
131 안도 다다오 | 임채진
132 색의 유혹 | 오수연
133 고객을 사로잡는 디자인 혁신 | 신언모
134 양주 이야기 | 김준철
135 주역과 운명 | 심의용
136 학계의 금기를 찾아서 | 강성민
137 미·중·일 새로운 패권전략 | 우수근
138 세계지도의 역사와 한반도의 발견 | 김상근
139 신용하 교수의 독도 이야기 | 신용하
140 간도는 누구의 땅인가 | 이성환
141 말리노프스키의 문화인류학 | 김용환
142 크리스마스 | 이영제
143 바로크 | 신정아
144 페르시아 문화 | 신규섭
145 패션과 명품 | 이재진
146 프랑켄슈타인 | 장정희
147 뱀파이어 연대기 | 한혜원
148 위대한 힙합 아티스트 | 김정훈
149 살사 | 최명호
150 모던 걸, 여우 목도리를 버려라 | 김주리
151 누가 하이카라 여성을 데리고 사누 | 김미지
152 스위트 홈의 기원 | 백지혜
153 내숭적 감수성의 탄생 | 강심호
154 에로 그로 넌센스 | 소래섭
155 소리가 만들어낸 근대의 풍경 | 이승원
156 서울은 어떻게 계획되었는가 | 염복규
157 부엌의 문화사 | 함한희
158 칸트 | 최인숙
159 사람은 왜 인정받고 싶어하나 | 이정은
160 지중해학 | 박상진
161 동북아시아 비핵지대 | 이삼성 외
162 서양 배우의 역사 | 김정수
163 20세기의 위대한 연극인들 | 김미혜
164 영화음악 | 박신영
165 한국독립영화 | 김수남
166 영화와 샤머니즘 | 이종승
167 영화로 보는 불륜의 사회학 | 황혜진
168 J.D. 샐린저와 호밀밭의 파수꾼 | 김성곤
169 허브 이야기 | 조태동·송진희
170 프로레슬링 | 성민수
171 프랑크푸르트 | 이기식
172 바그다드 | 이동은
173 아테네인, 스파르타인 | 윤진
174 정치의 원형을 찾아서 | 최자영
175 소르본 대학 | 서정복
176 테마로 보는 서양미술 | 권용준
177 칼 마르크스 | 박영균
178 허버트 마르쿠제 | 손철성
179 안토니오 그람시 | 김현우
180 안토니오 네그리 | 윤수종
181 박이문의 문학과 철학 이야기 | 박이문
182 상상력과 가스통 바슐라르 | 홍명희
183 인간복제의 시대가 온다 | 김홍재
184 수소 혁명의 시대 | 김미선
185 로봇 이야기 | 김문상
186 일본의 정체성 | 김필동
187 일본의 서양문화 수용사 | 정하미
188 번역과 일본의 근대 | 최경옥
189 전쟁국가 일본 | 이성환
190 한국과 일본 | 하우봉
191 일본 누드 문화사 | 최유경
192 주신구라 | 이준섭
193 일본의 신사 | 박규태
194 미야자키 하야오 | 김윤아
195 애니메이션으로 보는 일본 | 박규태
196 디지털 에듀테인먼트 스토리텔링 | 강심호
197 디지털 애니메이션 스토리텔링 | 배주영
198 디지털 게임의 미학 | 전경란
199 디지털 게임 스토리텔링 | 한혜원
200 한국형 디지털 스토리텔링 | 이인화

201 디지털 게임, 상상력의 새로운 영토 | 이정엽
202 프로이트와 종교 | 권수영
203 영화로 보는 태평양전쟁 | 이동훈
204 소리의 문화사 | 김토일
205 극장의 역사 | 임종엽
206 뮤지엄건축 | 서상우
207 한옥 | 박명덕
208 한국만화사 산책 | 손상익
209 만화 속 백수 이야기 | 김성훈
210 코믹스 만화의 세계 | 박석환
211 북한만화의 이해 | 김성훈·박소현
212 북한 애니메이션 | 이대연·김경임
213 만화로 보는 미국 | 김기홍
214 미생물의 세계 | 이재열
215 빛과 색 | 변종철
216 인공위성 | 장영근
217 문화콘텐츠란 무엇인가 | 최연구
218 고대 근동의 신화와 종교 | 강성열
219 신비주의 | 금인숙
220 십자군, 성전과 약탈의 역사 | 진원숙
221 종교개혁 이야기 | 이성덕
222 자살 | 이진홍
223 성, 그 억압과 진보의 역사 | 윤가현
224 아파트의 문화사 | 박철수
225 권오길 교수가 들려주는 생물의 섹스 이야기 | 권오길
226 동물행동학 | 임신재
227 한국 축구 발전사 | 김성원
228 월드컵의 위대한 전설 | 서준형
229 월드컵의 강국들 | 심재희
230 스포츠 마케팅의 세계 | 박찬혁
231 일본의 이중권력, 쇼군과 천황 | 다카시로 고이치
232 일본의 사소설 | 안영희
233 글로벌 매너 | 박한표
234 성공하는 중국 진출 가이드북 | 우수근
235 20대의 정체성 | 정성호
236 중년의 사회학 | 정성호
237 인권 | 차병직
238 헌법재판 이야기 | 오호택
239 프라하 | 김규진
240 부다페스트 | 김성진
241 보스턴 | 황선희
242 돈황 | 전인초
243 보들레르 | 이건수
244 돈 후안 | 정동섭
245 사르트르 참여문학론 | 변광배
246 문체론 | 이종오
247 올더스 헉슬리 | 김효원
248 탈식민주의에 대한 성찰 | 박종성
249 서양 무기의 역사 | 이내주
250 백화점의 문화사 | 김인호
251 초콜릿 이야기 | 정한진
252 향신료 이야기 | 정한진
253 프랑스 미식 기행 | 심순철
254 음식 이야기 | 윤진아
255 비틀스 | 고영탁
256 현대시와 불교 | 오세영
257 불교의 선악론 | 안옥선
258 질병의 사회사 | 신규환
259 와인의 문화사 | 고형욱
260 와인, 어떻게 즐길까 | 김준철
261 노블레스 오블리주 | 예종석
262 미국인의 탄생 | 김진웅
263 기독교의 교파 | 남병두
264 플로티노스 | 조규홍
265 아우구스티누스 | 박경숙
266 안셀무스 | 김영철
267 중국 종교의 역사 | 박종우
268 인도의 신화와 종교 | 정광흠
269 이라크의 역사 | 공일주
270 르 코르뷔지에 | 이관석
271 김수영, 혹은 시적 양심 | 이은정
272 의학사상사 | 여인석
273 서양의학의 역사 | 이재담
274 몸의 역사 | 강신익
275 인류를 구한 항균제들 | 예병일
276 전쟁의 판도를 바꾼 전염병 | 예병일
277 사상의학 바로 알기 | 장동민
278 조선의 명의들 | 김호
279 한국인의 관계심리학 | 권수영
280 모건의 가족 인류학 | 김용환
281 예수가 상상한 그리스도 | 김호경
282 사르트르와 보부아르의 계약결혼 | 변광배
283 초기 기독교 이야기 | 진원숙
284 동유럽의 민족 분쟁 | 김철민
285 비잔틴제국 | 진원숙
286 오스만제국 | 진원숙
287 별을 보는 사람들 | 조상호
288 한미 FTA 후 직업의 미래 | 김준성
289 구조주의와 그 이후 | 김종우
290 아도르노 | 이종하
291 프랑스 혁명 | 서정복
292 메이지유신 | 장인성
293 문화대혁명 | 백승욱
294 기생 이야기 | 신현규
295 에베레스트 | 김법모
296 빈 | 인성기
297 발트3국 | 서진석
298 아일랜드 | 한일동
299 이케다 하야토 | 권혁기
300 박정희 | 김성진
301 리콴유 | 김성진
302 덩샤오핑 | 박형기
303 마거릿 대처 | 박동운
304 로널드 레이건 | 김형곤
305 셰이크 모하메드 | 최진영
306 유엔사무총장 | 김정태
307 농구의 탄생 | 손대범
308 홍차 이야기 | 정은희

309 인도 불교사 | 김미숙
310 아힌사 | 이정호
311 인도의 경전들 | 이재숙
312 글로벌 리더 | 백형찬
313 탱고 | 배수경
314 미술경매 이야기 | 이규현
315 달마와 그 제자들 | 우봉규
316 화두와 좌선 | 김호귀
317 대학의 역사 | 이광주
318 이슬람의 탄생 | 진원숙
319 DNA분석과 과학수사 | 박기원
320 대통령의 탄생 | 조지형
321 대통령의 퇴임 이후 | 김형곤
322 미국의 대통령 선거 | 윤용희
323 프랑스 대통령 이야기 | 최연구
324 실용주의 | 이유선
325 맥주의 세계 | 원융희
326 SF의 법칙 | 고장원
327 원효 | 김원명
328 베이징 | 조창완
329 상하이 | 김윤희
330 홍콩 | 유영하
331 중화경제의 리더들 | 박형기
332 중국의 엘리트 | 주장환
333 중국의 소수민족 | 정재남
334 중국을 이해하는 9가지 관점 | 우수근
335 고대 페르시아의 역사 | 유흥태
336 이란의 역사 | 유흥태
337 에스파한 | 유흥태
338 번역이란 무엇인가 | 이향
339 해체론 | 조규형
340 자크 라캉 | 김용수
341 하지홍 교수의 개 이야기 | 하지홍
342 다방과 카페, 모던보이의 아지트 | 장유정
343 역사 속의 채식인 | 이광조
344 보수와 진보의 정신분석 | 김용신
345 저작권 | 김기태
346 왜 그 음식은 먹지 않을까 | 정한진
347 플라멩코 | 최명호
348 월트 디즈니 | 김지영
349 빌 게이츠 | 김익현
350 스티브 잡스 | 김상훈
351 잭 웰치 | 하정필
352 워렌 버핏 | 이민주
353 조지 소로스 | 김성진
354 마쓰시타 고노스케 | 권혁기
355 도요타 | 이우광
356 기술의 역사 | 송성수
357 미국의 총기 문화 | 손영호
358 표트르 대제 | 박지배
359 조지 워싱턴 | 김형곤
360 나폴레옹 | 서정복
361 비스마르크 | 김장수
362 모택동 | 김승일
363 러시아의 정체성 | 기연수
364 너는 시방 위험한 로봇이다 | 오은
365 발레리나를 꿈꾼 로봇 | 김선혁
366 로봇 선생님 가라사대 | 안동근
367 로봇 디자인의 숨겨진 규칙 | 구신애
368 로봇을 향한 열정, 일본 애니메이션 | 안병욱
369 도스토예프스키 | 박영은
370 플라톤의 교육 | 장영란
371 대공황 시대 | 양동휴
372 미래를 예측하는 힘 | 최연구
373 꼭 알아야 하는 미래 질병 10가지 | 우정헌
374 과학기술의 개척자들 | 송성수
375 레이첼 카슨과 침묵의 봄 | 김재호
376 좋은 문장 나쁜 문장 | 송준호
377 바울 | 김호경
378 테킬라 이야기 | 최명호
379 어떻게 일본 과학은 노벨상을 탔는가 | 김범성
380 기후변화 이야기 | 이유진
381 샹송 | 전금주
382 이슬람 예술 | 전완경
383 페르시아의 종교 | 유흥태
384 삼위일체론 | 유해무
385 이슬람 율법 | 공일주
386 금강경 | 곽철환
387 루이스 칸 | 김낙중·정태용
388 톰 웨이츠 | 신주현
389 위대한 여성 과학자들 | 송성수
390 법원 이야기 | 오호택
391 명예훼손이란 무엇인가 | 안상운
392 사법권의 독립 | 조지형
393 피해자학 강의 | 장규원
394 정보공개란 무엇인가 | 안상운
395 적정기술이란 무엇인가 | 김정태·홍성욱
396 치명적인 금융위기, 왜 유독 대한민국인가 | 오형규
397 지방자치단체, 돈이 새고 있다 | 최인욱
398 스마트 위험사회가 온다 | 민경식
399 한반도 대재난, 대책은 있는가 | 이정직
400 불안사회 대한민국, 복지가 해답인가 | 신광영
401 21세기 대한민국 대외전략 | 김기수
402 보이지 않는 위협, 종북주의 | 류현수
403 우리 헌법 이야기 | 오호택
404 핵심 중국어 간체자(简体字) | 김현정
405 문화생활과 문화주택 | 김용범
406 미래 주거의 대안 | 김세용·이재준
407 개방과 폐쇄의 딜레마, 북한의 이중적 경제 | 남성욱·정유석
408 연극과 영화를 통해 본 북한 사회 | 민병욱
409 먹기 위한 개방, 살기 위한 핵외교 | 김계동
410 북한 정권 붕괴 가능성과 대비 | 전경주
411 북한을 움직이는 힘, 군부의 패권경쟁 | 이영훈
412 인민의 천국에서 벌어지는 인권유린 | 허만호
413 성공을 이끄는 마케팅 법칙 | 추성엽
414 커피로 알아보는 마케팅 베이직 | 김민주
415 쓰나미의 과학 | 이호준
416 20세기를 빛낸 극작가 20인 | 백승무

417 20세기의 위대한 지휘자 | 김문경
418 20세기의 위대한 피아니스트 | 노태헌
419 뮤지컬의 이해 | 이동섭
420 위대한 도서관 건축 순례 | 최정태
421 아름다운 도서관 오디세이 | 최정태
422 롤링 스톤즈 | 김기범
423 서양 건축과 실내 디자인의 역사 | 천진희
424 서양 가구의 역사 | 공혜원
425 비주얼 머천다이징&디스플레이 디자인 | 강희수
426 호감의 법칙 | 김경호
427 시대의 지성 노암 촘스키 | 임기대
428 역사로 본 중국음식 | 신계숙
429 일본요리의 역사 | 박병학
430 한국의 음식문화 | 도현신
431 프랑스 음식문화 | 민혜련
432 중국차 이야기 | 조은아
433 디저트 이야기 | 안호기
434 치즈 이야기 | 박승용
435 면(麵) 이야기 | 김한송
436 막걸리 이야기 | 정은숙
437 알렉산드리아 비블리오테카 | 남태우
438 개헌 이야기 | 오호택
439 전통 명품의 보고, 규장각 | 신병주
440 에로스의 예술, 발레 | 김도윤
441 소크라테스를 알라 | 장영란
442 소프트웨어가 세상을 지배한다 | 김재호
443 국제난민 이야기 | 김철민
444 셰익스피어 그리고 인간 | 김도윤
445 명상이 경쟁력이다 | 김필수
446 갈매나무의 시인 백석 | 이숭원
447 브랜드를 알면 자동차가 보인다 | 김흥식
448 파이온에서 힉스 입자까지 | 이강영
449 알고 쓰는 화장품 | 구희연
450 희망이 된 인문학 | 김호연
451 한국예술의 큰 별 동랑 유치진 | 백형찬
452 경허와 그 제자들 | 우봉규
453 논어 | 윤홍식
454 장자 | 이기동
455 맹자 | 장현근
456 관자 | 신창호
457 순자 | 윤무학
458 미사일 이야기 | 박준복
459 사주(四柱) 이야기 | 이지형
460 영화로 보는 로큰롤 | 김기범
461 비타민 이야기 | 김정환
462 장군 이순신 | 도현신
463 전쟁의 심리학 | 이윤규
464 미국의 장군들 | 여영무
465 첨단무기의 세계 | 양낙규
466 한국무기의 역사 | 이내주
467 노자 | 임헌규
468 한비자 | 윤찬원
469 묵자 | 박문현
470 나는 누구인가 | 김용신
471 논리적 글쓰기 | 여세주
472 디지털 시대의 글쓰기 | 이강룡
473 NLL을 말하다 | 이상철
474 뇌의 비밀 | 서유헌
475 버트런드 러셀 | 박병철
476 에드문트 후설 | 박인철
477 공간 해석의 지혜, 풍수 | 이지형
478 이야기 동양철학사 | 강성률
479 이야기 서양철학사 | 강성률
480 독일 계몽주의의 유학적 기초 | 전홍석
481 우리말 한자 바로쓰기 | 안광희
482 유머의 기술 | 이상훈
483 관상 | 이태룡
484 가상학 | 이태룡
485 역경 | 이태룡
486 대한민국 대통령들의 한국경제 이야기 1 | 이장규
487 대한민국 대통령들의 한국경제 이야기 2 | 이장규
488 별자리 이야기 | 이형철 외
489 셜록 홈즈 | 김재성
490 역사를 움직인 중국 여성들 | 이양자
491 중국 고전 이야기 | 문승용
492 발효 이야기 | 이미란
493 이승만 평전 | 이주영
494 미군정시대 이야기 | 차상철
495 한국전쟁사 | 이희진
496 정전협정 | 조성훈
497 북한 대남 침투도발사 | 이윤규
498 수상 | 이태룡
499 성명학 | 이태룡
500 결혼 | 남정욱
501 광고로 보는 근대문화사 | 김병희
502 시조의 이해 | 임형선
503 일본인은 왜 속마음을 말하지 않을까 | 임영철
504 내 사랑 아다지오 | 양태조
505 수프림 오페라 | 김도윤
506 바그너의 이해 | 서정원
507 원자력 이야기 | 이정익
508 이스라엘과 창조경제 | 정성호
509 한국 사회 빈부의식은 어떻게 변했는가 | 김용신
510 요하문명과 한반도 | 우실하
511 고조선왕조실록 | 이희진
512 고구려왕조실록 1 | 이희진
513 고구려왕조실록 2 | 이희진
514 백제왕조실록 1 | 이희진
515 백제왕조실록 2 | 이희진
516 신라왕조실록 1 | 이희진
517 신라왕조실록 2 | 이희진
518 신라왕조실록 3 | 이희진
519 가야왕조실록 | 이희진
520 발해왕조실록 | 구난희
521 고려왕조실록 1 (근간)
522 고려왕조실록 2 (근간)
523 조선왕조실록 1 | 이성무
524 조선왕조실록 2 | 이성무

525 조선왕조실록 3 | 이성무
526 조선왕조실록 4 | 이성무
527 조선왕조실록 5 | 이성무
528 조선왕조실록 6 | 편집부
529 정한론 | 이기용
530 청일전쟁 (근간)
531 러일전쟁 (근간)
532 이슬람 전쟁사 | 진원숙
533 소주이야기 | 이지형
534 북한 남침 이후 3일간, 이승만 대통령의 행적 | 남정옥
535 제주 신화 1 | 이석범
536 제주 신화 2 | 이석범
537 제주 전설 1 | 이석범
538 제주 전설 2 | 이석범
539 제주 전설 3 | 이석범
540 제주 전설 4 | 이석범
541 제주 전설 5 | 이석범
542 제주 민담 | 이석범
543 서양의 명장 | 박기련
544 동양의 명장 | 박기련
545 루소, 교육을 말하다 | 고봉만·황성원
546 철학으로 본 앙트러프러너십 | 전인수
547 예술과 앙트러프러너십 | 조명계
548 문화마케팅 (근간)
549 비즈니스상상력 | 전인수
550 개념설계의 시대 | 전인수
551 미국 독립전쟁 | 김형곤
552 미국 남북전쟁 | 김형곤
553 초기불교 이야기 | 곽철환
554 한국가톨릭의 역사 | 서정민
555 시아 이슬람 | 유흥태
556 스토리텔링에서 스토리두잉으로 | 윤주
557 백세시대의 지혜 | 신현동
558 구보 씨가 살아온 한국 사회 | 김병희
559 정부광고로 보는 일상생활사 | 김병희
560 정부광고의 국민계몽 캠페인 | 김병희
561 도시재생 이야기 | 윤주
562 한국의 핵무장 | 김재엽
563 고구려 비문의 비밀 | 정호섭
564 비슷하면서도 다른 한중문화 | 장범성
565 급변하는 현대 중국의 일상 | 장시·리우린, 장범성
566 중국의 한국 유학생들 | 왕링윈·장범성
567 밥 딜런 그의 나라에는 누가 사는가 | 오민석
568 언론으로 본 정부정책의 변천 | 김병희
569 전통과 보수의 나라 영국 1-영국 역사 | 한일동
570 전통과 보수의 나라 영국 2-영국 문화 | 한일동
571 전통과 보수의 나라 영국 3-영국 현대 | 김언조
572 제1차 세계대전 | 윤형호
573 제2차 세계대전 | 윤형호
574 라벨로 보는 프랑스 포도주의 이해 | 전경준
575 미셸 푸코, 말과 사물 | 이규현
576 프로이트, 꿈의 해석 | 김석 (근간)
577 왜 5왕 | 홍성화
578 소가씨 4대 | 나행주
579 미나모토노 요리토모 | 남기학
580 도요토미 히데요시 | 이계황
581 요시다 쇼인 | 이희복
582 시부사와 에이이치 | 양의모
583 이토 히로부미 | 방광석
584 메이지 천황 | 박진우
585 하라 다카시 | 김영숙
586 히라쓰카 라이초 | 정애영
587 고노에 후미마로 | 김봉식

시부사와 에이이치 일본 경제의 아버지

펴낸날 **초판 1쇄 2019년 8월 30일**

지은이 **양의모**
펴낸이 **심만수**
펴낸곳 **(주)살림출판사**
출판등록 **1989년 11월 1일 제9-210호**

주소 **경기도 파주시 광인사길 30**
전화 **031-955-1350** 팩스 **031-624-1356**
홈페이지 **http://www.sallimbooks.com**
이메일 **book@sallimbooks.com**

ISBN 978-89-522-4073-6 04080
978-89-522-0096-9 04080 (세트)

※ 값은 뒤표지에 있습니다.
※ 잘못 만들어진 책은 구입하신 서점에서 바꾸어 드립니다.
※ 각각의 그림에 대한 저작권을 찾아보았지만, 찾아지지 못한 그림은 저작권자를 알려주시면 그에 맞는 대가를 지불하겠습니다.

이 도서의 국립중앙도서관 출판시도서목록(CIP)은 서지정보유통지원시스템 홈페이지(http://seoji.nl.go.kr)와 국가자료공동목록시스템(http://www.nl.go.kr/kolisnet)에서 이용하실 수 있습니다.(CIP제어번호: CIP2019028963)

책임편집·교정교열 **최정원 이상준**

인물로 보는 일본역사 시리즈 전11권

홍성회 외 10인 지음

2019년 3·1 운동 100주년 기념, 2020년 8·15 광복 75주년을 기념하여 일본사학회가 기획한 시리즈. 가깝지만 멀기만 한 일본과의 관계를 돌아보기 위해 한국사와 밀접한 대표적인 인물 11명의 생애와 사상을 알아본다.

577 왜 5왕(倭 五王)

수수께끼의 5세기 왜국 왕 (인물로 보는 일본역사 1)

홍성화(건국대학교 글로컬캠퍼스 교양대학 역사학 교수) 지음

베일에 싸인 왜 5왕(찬·진·제·흥·무)의 실체를 파헤침으로써 5세기 한일관계의 실상을 재조명한다.

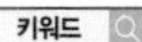

#왜국 #왜왕 #송서 #사신 #조공 #5세기 #백제 #중국사서 #천황 #고대

578 소가씨 4대(蘇我氏 四代)

고대 일본의 권력 가문 (인물로 보는 일본역사 2)

나행주(건국대학교 사학과 초빙교수) 지음

일본 고대국가에 커다란 족적을 남긴 백제 도래씨족 소가씨. 그중 4대에 이르는 소가노 이나메(506?~570)·우마코(551?~626)·에미시(?~645)·이루카(?~645)의 생애와 업적을 알아본다.

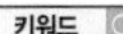

#일본고대 #도래인 #외척 #불교 #불교문화

579 미나모토노 요리토모(源頼朝)

무사정권의 창시자 (인물로 보는 일본역사 3)

남기학(한림대학교 일본학과 교수) 지음

무사정권의 창시자 미나모토노 요리토모(1147~1199)의 파란만장한 생애와 사상의 전모를 밝힌다.

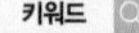

#무사정권 #가마쿠라도노 #무위 #무민 #신국사상 #다이라노 기요모리 #고시라카와 #최충헌

580 도요토미 히데요시(豊臣秀吉)

일본 통일을 이루다 (인물로 보는 일본역사 4)

이계황(인하대학교 일본언어문화학과 교수) 지음

동아시아 국제전쟁으로서의 임진왜란과 난세를 극복하고 일본천하를 통일한 도요토미 히데요시(1537~1598)를 통해, 일본을 접근해본다.

키워드

#센고쿠기 #오다 노부나가 #도쿠가와 이에야스 #임진왜란 #강화교섭 #정유재란

581 요시다 쇼인(吉田松陰)

일본 민족주의의 원형 (인물로 보는 일본역사 5)

이희복(강원대학교 일본학과 교수) 지음

일본 우익사상의 창시자 요시다 쇼인(1830~1859). 그가 나고 자란 곳 하기시(萩市)에서 그의 학문과 사상의 진수를 눈과 발로 확인한다.

키워드

#병학사범 #성리학자 #국체사상가 #양명학자 #세계적 보편성 #우익사상 #성리학

582 시부사와 에이이치(渋沢栄一)

일본 경제의 아버지 (인물로 보는 일본역사 6)

양의모(인천대학교 동북아 통상학과 강사) 지음

경제대국 일본의 기초를 쌓아올린 시부사와 에이이치(1840~1931). '일본 경제의 아버지'라 불리는 그의 삶과 활동을 조명한다.

키워드

#자본주의 #부국강병 #도덕경제론 #논어와 주판 #민간외교 #합본주의

583 이토 히로부미(伊藤博文)

일본의 근대를 이끌다 (인물로 보는 일본역사 7)

방광석(동국대학교 대외교류연구원 연구교수 · 전 일본사학회 회장) 지음

침략의 원흉이자 근대 일본의 기획자 이토 히로부미(1841~1909)의 생애를 실증적·객관적으로 살펴본다.

키워드

#입헌 정치체제 #폐번치현 #대일본제국헌법 #쇼카손주쿠 #천황친정운동 #을사늑약 #한국병합

584 메이지 천황(明治天皇)

일본 제국의 기초를 닦다 (인물로 보는 일본역사 8)

박진우(숙명여자대학교 일본학과 교수) 지음

메이지 천황(1852~1912)의 '실상'과 근대 이후 신격화된 그의 '허상'을 추적한다.

키워드

#메이지유신 #메이지 천황 #근대천황제 #천황의 군대

585 하라 다카시(原敬)

평민 재상의 빛과 그림자 (인물로 보는 일본역사 9)

김영숙(고려대학교 한국사연구소 연구교수) 지음

일본 정당정치의 상징이자 식민지 통치의 설계자. 평민 재상 하라 다카시(1856~1921)를 파헤친다.

키워드

#정당정치 #문화정책 #내각총리대신 #평민 재상 #입헌정우회 #정우회

586 히라쓰카 라이초(平塚らいてう)

일본의 여성해방운동가 (인물로 보는 일본역사 10)

정애영(경상대 · 방송통신대 일본사 · 동아시아사 강사) 지음

일본의 대표 신여성 히라쓰카 라이초(1886~1971). 그녀를 중심으로 일본의 페미니즘 운동과 동아시아의 신여성을 조명한다.

키워드

#신여성 #세이토 #신부인협회 #일본의 페미니즘 #동아시아 페미니즘 운동 #동아시아 신여성

587 고노에 후미마로(近衛文麿)

패전으로 귀결된 야망과 좌절 (인물로 보는 일본역사 11)

김봉식(고려대학교 강사) 지음

미·영 중심의 국제질서에 도전하고 독일·이탈리아와 동맹을 강화하여 전쟁의 참화를 불러온 귀족정치가. 고노에 후미마로(1891~1945)의 생애와 한계를 살펴본다.

키워드

#중일전쟁 #태평양전쟁 #신체제 #일본역사

eBook 표시가 되어있는 도서는 전자책으로 구매가 가능합니다.

016 이슬람 문화 | 이희수
017 살롱문화 | 서정복 eBook
020 문신의 역사 | 조현설 eBook
038 헬레니즘 | 윤진 eBook
056 중국의 고구려사 왜곡 | 최광식 eBook
085 책과 세계 | 강유원
086 유럽왕실의 탄생 | 김현수 eBook
087 박물관의 탄생 | 전진성 eBook
088 절대왕정의 탄생 | 임승휘 eBook
100 여행 이야기 | 이진홍 eBook
101 아테네 | 장영란 eBook
102 로마 | 한형곤 eBook
103 이스탄불 | 이희수 eBook
104 예루살렘 | 최창모 eBook
105 상트 페테르부르크 | 방일권 eBook
106 하이델베르크 | 곽병휴 eBook
107 파리 | 김복래 eBook
108 바르샤바 | 최건영 eBook
109 부에노스아이레스 | 고부안 eBook
110 멕시코 시티 | 정혜주 eBook
111 나이로비 | 양철준 eBook
112 고대 올림픽의 세계 | 김복희 eBook
113 종교와 스포츠 | 이창익 eBook
115 그리스 문명 | 최혜영
116 그리스와 로마 | 김덕수 eBook
117 알렉산드로스 | 조현미
138 세계지도의 역사와 한반도의 발견 | 김상근 eBook
139 신용하 교수의 독도 이야기 | 신용하
140 간도는 누구의 땅인가 | 이성환 eBook
143 바로크 | 신정아 eBook
144 페르시아 문화 | 신규섭 eBook
150 모던 걸, 여우 목도리를 버려라 | 김주리 eBook
151 누가 하이카라 여성을 데리고 사누 | 김미지 eBook
152 스위트 홈의 기원 | 백지혜 eBook
153 대중적 감수성의 탄생 | 강심호 eBook
154 에로 그로 넌센스 | 소래섭 eBook
155 소리가 만들어낸 근대의 풍경 | 이승원 eBook
156 서울은 어떻게 계획되었는가 | 염복규 eBook
157 부엌의 문화사 | 함한희
171 프랑크푸르트 | 이기식 eBook
172 바그다드 | 이동은 eBook
173 아테네인, 스파르타인 | 윤진 eBook
174 정치의 원형을 찾아서 | 최자영 eBook
175 소르본 대학 | 서정복 eBook
187 일본의 서양문화 수용사 | 정하미
188 번역과 일본의 근대 | 최경옥
189 전쟁국가 일본 | 이성환 eBook
191 일본 누드 문화사 | 최유경
192 주신구라 | 이준섭
193 일본의 신사 | 박규태 eBook
220 십자군, 성전과 약탈의 역사 | 진원숙
239 프라하 | 김규진 eBook
240 부다페스트 | 김성진 eBook
241 보스턴 | 황선희
242 돈황 | 전인초 eBook
249 서양 무기의 역사 | 이내주
250 백화점의 문화사 | 김인호
251 초콜릿 이야기 | 정한진
252 향신료 이야기 | 정한진
259 와인의 문화사 | 고형욱
269 이라크의 역사 | 공일주
283 초기 기독교 이야기 | 진원숙
285 비잔틴제국 | 진원숙 eBook
286 오스만제국 | 진원숙 eBook
291 프랑스 혁명 | 서정복 eBook
292 메이지유신 | 장인성
293 문화대혁명 | 백승욱 eBook
294 기생 이야기 | 신현규 eBook
295 에베레스트 | 김법모 eBook
296 빈 | 인성기 eBook
297 발트3국 | 서진석 eBook
298 아일랜드 | 한일동
308 홍차 이야기 | 정은희 eBook
317 대학의 역사 | 이광주
318 이슬람의 탄생 | 진원숙
335 고대 페르시아의 역사 | 유흥태
336 이란의 역사 | 유흥태
337 에스파한 | 유흥태
342 다방과 카페, 모던보이의 아지트 | 장유정
343 역사 속의 채식인 | 이광조
371 대공황 시대 | 양동휴 eBook
420 위대한 도서관 건축순례 | 최정태 eBook
421 아름다운 도서관 오디세이 | 최정태 eBook
423 서양 건축과 실내 디자인의 역사 | 천진희 eBook
424 서양 가구의 역사 | 공혜원 eBook
437 알렉산드리아 비블리오테카 | 남태우 eBook
439 전통 명품의 보고, 규장각 | 신병주 eBook
443 국제난민 이야기 | 김철민 eBook
462 장군 이순신 | 도현신 eBook
463 전쟁의 심리학 | 이윤규 eBook
466 한국무기의 역사 | 이내주 eBook
486 대한민국 대통령들의 한국경제 이야기1 | 이장규 eBook
487 대한민국 대통령들의 한국경제 이야기2 | 이장규 eBook
490 역사를 움직인 중국 여성들 | 이양자 eBook
493 이승만 평전 | 이주영 eBook
494 미군정시대 이야기 | 차상철 eBook
495 한국전쟁사 | 이희진 eBook
496 정전협정 | 조성훈 eBook
497 북한 대남침투도발사 | 이윤규 eBook
510 요하 문명과 한반도 | 우실하 eBook
511 고조선왕조실록 | 이희진 eBook
512 고구려왕조실록 1 | 이희진 eBook
513 고구려왕조실록 2 | 이희진 eBook
514 백제왕조실록 1 | 이희진 eBook
515 백제왕조실록 2 | 이희진 eBook
516 신라왕조실록 1 | 이희진
517 신라왕조실록 2 | 이희진
518 신라왕조실록 3 | 이희진
519 가야왕조실록 | 이희진 eBook
520 발해왕조실록 | 구난희 eBook
521 고려왕조실록 1(근간)
522 고려왕조실록 2(근간)
523 조선왕조실록 1 | 이성무 eBook
524 조선왕조실록 2 | 이성무 eBook
525 조선왕조실록 3 | 이성무 eBook
526 조선왕조실록 4 | 이성무 eBook
527 조선왕조실록 5 | 이성무 eBook
528 조선왕조실록 6 | 편집부 eBook

(주)살림출판사
www.sallimbooks.com
주소 경기도 파주시 문발동 522-1 | 전화 031-955-1350 | 팩스 031-955-1355